Hypothese · Experiment · Theorie

Zum Selbstverständnis der Naturwissenschaft

von

Hansjörg Schneider

W DE G

1978

Walter de Gruyter · Berlin · New York

SAMMLUNG GÖSCHEN 2615

Dr. *Hansjörg A. W. Schneider*
apl. Professor am Botanischen Institut
der Universität zu Köln

CIP-Kurztitelaufnahme der Deutschen Bibliothek

Schneider, Hansjörg
Hypothese, Experiment, Theorie : zum Selbstverständnis d. Naturwiss. – 1. Aufl. – Berlin, New York : de Gruyter, 1978.
(Sammlung Göschen ; Bd. 2615)
ISBN 3-11-007447-8

Printed in Germany – Satz und Druck: Walter de Gruyter & Co., 1 Berlin 30 – Bindearbeiten: Berliner Buchbinderei Wübben & Co., 1 Berlin 42

Inhalt

NIHIL EST IN INTELECTU QUOD NON PRIUS FUERIT IN SENSU. *J. Locke.*

Vorbemerkung

Es gibt wenige Dinge, von denen ein Naturwissenschaftler mehr überzeugt wäre als von der Realitätsbezogenheit seines Experimentes und der Objektivität seiner Aussage darüber. Viele Dinge beschäftigen ihn aber eingehender und ausdauernder als eben diese seine Überzeugung. Muß er sie verteidigen, entlarven Philosophen sie als sprachlosen Glauben. – Der Dialog zwischen Naturwissenschaft und Philosophie ist damit beendet. Überzeugt von der Schiefheit des Vergleichs, wendet sich der Naturwissenschaftler seinem Experiment zu, – manchmal aber seiner Überzeugung. Er hinterfragt sein Experiment. Ansätze dazu wurden seit Jahrhunderten zusammengetragen. Zwingend werden sie durch die Ergebnisse der modernen Naturwissenschaft, nicht zuletzt denen der Biologie.

Einen Zyklus von Hinterfragungen geben die nächsten Seiten. Sie sind ein Abriß vom Bau der Fundamente des Experiments, vom naturwissenschaftlichen Arbeiten und von Folgerungen, die sich daraus ergeben. Sie sind kein Kompendium all dessen, was sich dazu sagen läßt. Die Zeit von Leser und Autor gehört dem Experiment. Sie waren als Einführung für Naturwissenschaftler, für Biologen gedacht, als Ausgangs- und Bezugspunkte für Diskussionen. Nichtsdestoweniger mögen sie auch für Studenten der Geisteswissenschaften ein wenig zeitraubender Weg zur naturwissenschaftlichen Wirklichkeit sein.

Ohne Reflexion der Grundlagen der Naturwissenschaft bleibt jede Aussage in ihr und mehr noch über sie mißverständliche Halbheit.

Hansjörg A. W. Schneider

I. Naturwissenschaft und das vergessene Fundament

Wissenschaftsbetrieb · Furcht vor dem Verlust einer sicheren Basis · die zur Reflexion drängende Situation · zwei Grundfragen der Naturwissenschaft · Bedingungen einer Antwort

Es ist heute selbstverständlich, in jedem naturwissenschaftlichen Labor einer bestimmten Fachrichtung dieselbe Vielzahl von Geräten vorzufinden, die durch Geräte der jeweiligen speziellen Forschungsrichtung ergänzt wird. Jeder in der Wissenschaft Fortgeschrittene weiß sich ihrer zu bedienen und sie an der richtigen Stelle einzusetzen. Naturwissenschaftliche Forschung ist ohne diesen apparativen Aufwand kaum noch vorstellbar.

Man hat sich daran gewöhnt, daß jedes Jahr eine unübersehbare Flut von Arbeiten publiziert wird – allein im biologischen Bereich sicher über 150000 Arbeiten – und daß das Wissen stetig, im Rückblick über mehrere Jahre ganz beträchtlich zunimmt, auch wenn tausende von Arbeiten weder im Ansatz noch im Ergebnis erkennbar Neues bringen. Zusammenfassungen erlauben auch dem speziellen Forschungsgebiet etwas ferner Stehenden am Fortschritt des Wissens teilzunehmen, und früher oder später ist die Quintessenz des Wissens in den Lehrbüchern angesammelt. Nicht selten aber verstellt die Flut an Information den Blick für das, was wir nicht wissen, den Blick für Wesentliches.

Vorlesungen, Praktika und Seminare werden abgehalten, werden geändert und dem neuen Wissensstand angepaßt, bleiben in ihrer Grundstruktur aber stets dieselben, beschäftigt mit der Vermittlung des sich auf Grund neuer Experimente anhäufenden Wissens. Die Gegebenheiten des Studien- und Wissenschaftsbetriebs lassen den Anfänger, soweit er überhaupt interessiert ist, die Notwendigkeit des Faktenstudiums einsehen und er lernt fast unmerklich, daß das Experiment der Ursprung alles Wissens ist. Er ist vom Primat des allgegenwärtigen Experiments überrannt. Er vergißt, vielleicht nach einigen vagen, Bezugspunkte suchenden Ansätzen, Gründe für oder gegen dessen Berechtigung zu suchen. Das Fakten ordnende Gerüst sind die Seiten des Lehrbuchs. Selbst die unüberhörbaren Aufrufe an die kritische Selbstreflexion der revolutionären Studentenbewegung änderten daran nichts, konnten von der Zielsetzung her eine Änderung nicht wollen, und die Thematik des von Studierenden der Naturwissenschaften zu absolvierenden Philosophikums enthält meist nicht einmal Bezüge zu den Begriffen der Naturwissenschaft. Fragen nach dem Verhältnis von Philosophie, Ideologie und Naturwissenschaft werden nicht beantwortet. Fragen nach Beziehungen zwischen Experimenten, Hypothesen, Theorien und Gesetzen, auf die sich die Naturwissenschaft beruft, nach Kriterien naturwissenschaftlicher Wahrheitsfindung, nach der Reichweite naturwissenschaftlicher Aussagen und deren Grenzen scheinen unzugänglich oder aber ein für alle Mal beantwortet und vergessen dem Wissenschaftsbetrieb immanent zu sein, und der Erfolg der Naturwissenschaft gibt diesen Vorstellungen allem Anschein nach recht.

Obwohl nun im allgemeinen Wissenschaftsbetrieb solche Fragen kaum gestellt oder beantwortet werden, gibt es doch, und das gerade in den letzten Jahren und Jahrzehnten, eine Reihe von Naturwissenschaftlern, besonders Physiker und Biologen, die mehr oder weniger systematisch Standortsbestimmungen vorgenommen haben (*v. Bertalanffy, C. Bresch, M. Hartmann, Heisenberg, Lorenz, Mohr, Monod, Rensch, Sachsse, Schrödinger,* um einige zu nennen). Die Abneigung gegen Fragestellungen, die keinen unmittelbaren Bezug zum untersuchten Objekt haben, ist in der Naturwissenschaft tief verwurzelt und aus der Geschichte erklärlich. Die Furcht eine relativ sichere, mühsam erworbene, für alle Naturwissenschaft einheitliche Basis zu verlassen, ist begründet. Das Unbehagen, wieder in die Reichweite der spekulativen* Systeme der Philosophie zu geraten, von der sich die Naturwissenschaft nur durch äußerste experimentelle Sorgfalt und äußerstes

* Unter „spekulativ“ werden wir Aussagen verstehen, für deren Bewahrheitung oder Widerlegung kaum andere Kriterien als Glauben existieren.

Mißtrauen gegen spekulatives Denken gelöst hat, ist groß. Der immer wieder zitierte, berüchtigte, *G. W. F. Hegel* (1770–1831) zugeschriebene Ausspruch, des auf die Diskrepanz zwischen philosophischer Doktrin und Wirklichkeit hingewiesenen Philosophen: „Um so schlimmer für die Wirklichkeit" hatte zu lange Zeit Beweiskraft. Für ganze Schulen von Philosophen schien dieser Satz Leitmotiv zu sein, und auch heute fällt die Trennung von diesem Satz noch vielfach schwer. Doch die äußere Situation hat sich geändert. Der Einfluß der Naturwissenschaft ist in keinem Lebensbereich mehr zu übersehen und die Diskussion des zwiespältigen Charakters der aus der Forschung herausgelösten Ergebnisse füllt Zeitungen und Bücher (*R. Carson, G. R. Taylor, D. Meadows* et. al., u.a.); die offene Leugnung naturwissenschaftlicher Wahrheit und Sicht der Realität wird selten. Der Einfluß der Philosophie schwindet, wenn auch im sogenannten gesunden Menschenverstand oder als Ideologie überlebend. Aus Gründen, die in der Struktur der Naturwissenschaft zu suchen sind, aber auch aus wirtschaftlichen und politischen Gründen ist das explosive Wachstum und die potentielle Macht der Naturwissenschaft nicht mehr einzudämmen. Doch bei der engen Verflechtung von Naturwissenschaft und Wirtschaft führte der Zusammenbruch einer Teilkomponente in Naturwissenschaft oder Wirtschaft zum Kollaps des gesamten Systems. Zu groß sind auch die durch Naturwissenschaft ermöglichten Zerstörungen, als daß sie übersehen werden könnten.

Immer häufiger sind Naturwissenschaftler außerhalb der Mauern ihres Labors zum Handeln aufgerufen. Sie und die Gesellschaft müssen wissen, aufgrund welcher Voraussetzungen ihr Urteil Gewicht hat, selbst wenn es der Meinung einer Mehrheit widerspricht. Andererseits wäre es gefährlich, die Grenzen der Naturwissenschaft nicht zu kennen. Fragen, die im Labor – vielleicht unter dem Zwang des schnellen Erfolgs und des Konkurrenzkampfes – vernachlässigbar scheinen und auf Kosten der Überschaubarkeit vernachlässigt wurden, werden drängender gestellt, nun auch von den Geisteswissenschaften, für die früher keine innere Notwendigkeit bestand, sich auf den Grundlagen der Naturwissenschaft mit dieser auseinander zu setzen. Auch sie geraten in den Sog einer erfolgreichen Wissenschaft. Die Beiträge und Einführungen zur Naturwissenschaft von geisteswissenschaftlicher Seite mehren sich (siehe z. B. *Carnap, Leinfellner, Popper, Seiffert, Ströker* und dort zitierte Literatur); Anknüpfungspunkte werden bei Logik und Mathematik gefunden.

Es sind stets dieselben beiden Fragen, die die Wissenschaft an die Natur stellt: „Was ist?" und „Warum ist es?", eine zur Feststellung drängende und eine Begründung und Erklärung fordernde Frage, Erklärung aufgrund vorausgehender Sachverhalte, nicht im Hinblick auf Ziel und Zweck. Mit der Beantwortung der ersten Frage durch die Anwendung der experimentellen Methode rückt die zweite Frage ganz in den Vordergrund. Längst ist festgestellt, daß die experimentelle Methode allein zur Bewältigung unserer Umwelt führt und die Naturwissenschaft zweifelt nicht daran, daß sie auch weiterhin allein für den Erfolg und den Fortschritt der Naturwissenschaft garantiert.

Man wird kaum gewahr, daß die auf die Feststellung des Erfolgs, der Beantwortung der ersten Frage folgende, nun ebenfalls auf die Methode selbst angewendete zweite Frage: „Warum ist die experimentelle Methode allein erfolgreich?" gar nicht beantwortet ist. Sie wurde nur durch den Zirkel: „Sie wird erfolgreich sein, weil sie erfolgreich war", aus dem Bewußtsein verdrängt.

Gäbe es aber in dieser Frage keine Antwort, die Lage der Naturwissenschaft wäre aussichtslos. Der Bezugspunkt aller zu Begründung von Sachverhalten führenden Methoden wäre nicht zu begründen. Der Naturwissenschaft fehlte die Sicherheit und die Kontinuität, derer sie sich rühmt. Die von ihr vermittelte Wirklichkeit wäre austauschbar, austauschbar wie philosophische Systeme, die zeitweilig durch den Glauben und die Macht ihrer Anhänger erfolgreich sind und waren.

Nur wenn die experimentelle Methode hinterfragt werden kann, wenn sie über ein System widerspruchsfreier und möglichst lückenloser Belege mit einer erkennbaren Wirklichkeit verknüpft ist, wenn sie Teil dieser Wirklichkeit ist, darf eine vorausgesetzte Sicherheit rechtfertigende Antwort erwartet werden. Dann aber ist jede durch naturwissenschaftliche Mittel entscheidbare Frage der Entscheidung von Alltagsverstand und Philosophie ein für alle Mal entzogen.

Die nächsten Seiten werden versuchen in der Nachzeichnung des Prozesses, der zu naturwissenschaftlicher Erkenntnis führt, auf wesentliche Belege hinzuweisen.

Sie sind der Versuch, irrationale Komponenten, wie den Glauben an den Erfolg der naturwissenschaftlichen Methode oder den an eine vor aller Erfahrung möglichen Erkenntnis, auszuschließen. Wesentliche Stützen der entstehenden Theorie – einer Theorie von den naturwissenschaftlichen Theorien und Erkenntnissen – sind die belegbare evolutionäre Anpassung unseres Erkenntnisapparates an die Wirklichkeit, die Mittlerrolle der Sprache und die Übertragung des Prinzips von Versuch und Irrtumsbeseitigung auf die Theorienbildung selbst. Erkenntnis und Theorien werden als Teil evolutionärer Entwicklung gesehen, und was zunächst wieder ein Zirkel zu sein scheint – die grundlegende Theorie der naturwissenschaftlichen Methode mit Beobachtungen zu belegen, die mit der naturwissenschaftlichen Methode gewonnen wurden – entpuppt sich als ein Prozeß stetig wachsender Erkenntnis, als Spirale.

Die damit gewonnene Sicherheit ist keine absolute, aber sie erlaubt Bereiche relativer Sicherheit von solchen absoluten Nichtwissens zu scheiden, objektive Erkenntnis vom Freiraum der Metaphysik, objektives Urteil von wertendem.

Es gibt keine Alternative zu objektiver Erkenntnis; selbst die Entscheidung zwischen objektivem und wertendem Urteil fällt nach objektiven Kriterien.

II. Das Verhältnis zwischen Philosophie und Naturwissenschaft

Die philosophische Umklammerung der Naturwissenschaft · Befreiung und Rückfälle · Die Brücke zwischen Naturwissenschaft und Philosophie · Aufteilung der Zuständigkeitsbereiche · kognitive und nicht-kognitive Wissenschaften

Als im 16. und 17. Jahrhundert ein Neubeginn der Naturwissenschaft sichtbar wurde, stand die Philosophie, die nicht nur das geistige Feld beherrschte, keinesfalls hilfreich zur Seite. Nur eine radikale Abkehr von ihren Lehrmeinungen und Autoritäten machte den Blick frei für naturwissenschaftliches Arbeiten und die neue Art zu sehen, die der Entdeckung folgte, daß Natur partiell ohne Metaphysik erklärbar war. Wie bedroht diese Abkehr und neue Freiheit des Geistes war, belegt exemplarisch *G. Galileis* (1564–1642) Widerrufung der von ihm als richtig erkannten Theorie des *N. Kopernikus* (1473–1543) vor der Inquisition. Zur Abkehr von Autoritäten und zur Hinwendung zu Erfahrung, Experiment und Mathematik hatte schon *R. Bacon* (1214–1294) aufgerufen und Jahre im Kerker verbracht. Die Anfänge antiker Naturwissenschaft kannten solche Beschränkung des Denkens nicht. Noch war keine Lehrmeinung zum alle Lebensbereiche durchdringenden Staatsdogma geworden, das nur seine Fundamente bestätigende oder nicht antastende Anschauungen duldete und andere Themen dem Zugriff des Denkens entzog.

Aber auch als sich die Umstände und Voraussetzungen für naturwissenschaftliches Arbeiten zum Besseren gewendet hatten, als die Bindungen zwischen Philosophie und Religion locker geworden waren, erforderte es ein heute wohl unvorstellbares Maß an Abstraktion die allgegenwärtigen Konstruktionen der Philosophie als irrelevant für die Naturwissenschaft zu akzeptieren. In welchem Zwiespalt sich der der Natur zugewandte Mensch befand, läßt sich in den naturwissenschaftlichen Schriften *J. W. v. Goethes* (1749–1832) verfolgen, in denen wie in seinem gesamten Werk die Anschauungen der damaligen Zeit zusammenfließen. Seine 1790 veröffentlichte „Metamorphose der Pflanzen" ist in ihrer Auffassung, sieht man von zeitbedingtem Beiwerk ab, ein Stück naturwissenschaftlicher Arbeit, das es wert gewesen wäre, von den Botanikern ernster genommen zu werden. Trotz dieses Ansatzes in Richtung moderner Naturwissenschaft zeigt sich *Goethe* 40 Jahre später in der Schrift „Über die Spiraltendenz der Vegetation" völlig in metaphysischen, für die Naturwissenschaft nicht nachvollziehbaren Spekulationen verstrickt. Wie auch in anderen Schriften über Gegenstände der Natur steht die Beschreibung exakter Beobachtung neben einer, auch beim Stand damaliger Kenntnisse, dieser auffallend unangemessen erscheinenden theoretischen Verarbeitung. Der Glaube an die Ungebundenheit des menschlichen Geistes, dem allenthalben gehuldigt wurde, und an eine diesem intuitiv zugängliche, einsichtig geordnete Welt, ließ Empirie als Umweg, ja als Beschränkung und Verzerrung der Welt, Spekulation als direkten Weg zur Wahrheit erscheinen. Spekulation war Teilhabe am Weltgeist. Die mit jeder Beobachtung deutlicher werdende Kluft zwischen Natur und ihrer Darstellung wurde zugunsten einer fiktiven Einheit in der Darstellung geflissentlich übersehen. Lange nach Begründung der Physik im 17. Jahrhundert konnte sich Alchemie mit Magie, dem Stein der Weisen und Goldmachern behaupten, und das Verschwinden letzter metaphysischer Spekulationen aus der Biologie ist noch in unserem Jahrhundert zu verfolgen. Die Gegensätze der Vitalisten und Mechanisten verloren sich erst in den Ergebnissen der modernen Entwicklungsphysiologie.

Spekulationen, daß die Naturwissenschaften zu anderen Ergebnissen führen würden, wenn ihr Ansatz im Sinne eines philosophischen Systems geändert würde, sind aber nie verstummt. So vermutet *H. Marcuse* (1967), daß die Naturwissenschaft „zu wesentlich anderen Begriffen der Natur gelangen und wesentlich andere Tatsachen feststellen" würde, wenn die „Richtung des Fortschritts" geändert würde (S. 181). Unter Richtungsänderung versteht er die Befreiung des Menschen von den unvermeidlichen

Zwängen einer Naturbeherrschung, die die Folge seiner eigenen Methoden und Hypothesen ist. Diese, obwohl zunächst als Befreiung von den Zwängen der Natur gedacht, tragen den Keim der Unfreiheit in sich, die durch den Fortschritt der Naturwissenschaft in der Herrschaft über Menschen verewigt wird. Da *Marcuse* von einer Welt ausgeht, die nur durch die Anwendung von naturwissenschaftlichen Methoden entsteht und existiert (S. 169f.), kann er folgern, daß in einer in anderem Erfahrungszusammenhang gesehenen Welt sich andere Hypothesen entwickeln würden, die, wie er glaubt, ihren rationalen Charakter nicht verlören.

Als Spekulationen durchaus diskutierbar, werden philosophische Entwürfe aber wieder zur Gefahr für Naturwissenschaft und Forscher, wenn Macht Argumente ersetzt, wenn Utopie zu militanter Ideologie entartet. Die extremsten Versuche und ihre Ergebnisse aus jüngster Vergangenheit Naturwissenschaft ideologisch in den Griff zu bekommen, sind bekannt: Rassenideologie des Dritten Reiches, Deutsche Physik, Ablehnung der Relativitätstheorie (s. z. B. *A. Hermann*, 1976), *Lyssenkosche* Genetik (vgl. *Z. A. Medvedev*, 1969), Bekämpfung der Quantentheorie. Der als allumfassende Theorie konzipierten Ideologie wurde mehr Realität zugesprochen als den Folgerungen aus naturwissenschaftlicher Beobachtung. Naturwissenschaft wurde in das System wechselseitiger Abhängigkeit von Philosophie, Konvention und Gesellschaftsordnung gepreßt. Die wissenschaftliche Unfruchtbarkeit solcher Konstruktionen zeigen die Resultate.

Fast übersieht man, daß die Beziehungen zwischen Philosophie und Naturwissenschaft notwendiger sind, als ihr durch Umklammerungsversuche der Philosophie bzw. durch gegenseitige Nichtbeachtung gekennzeichnetes Verhältnis glauben macht. Jede naturwissenschaftliche Aussage enthält neben empirischen auch transempirische Komponenten, die in der Reichweite jede Beobachtung und jedes Experiment übertreffen (s. S. 31f.). Schon allein der Satz: „(Alles) Kupfer leitet den Strom“ enthält eine Behauptung, die den Rahmen der empirisch überprüfbaren Fälle sprengt. Im Hinblick darauf treibt auch der am wenigsten nachfragende Naturwissenschaftler Philosophie.

Grundlage einer Zusammenarbeit von Philosophie und Naturwissenschaft ist aber die zuerst bewußt vorgenommene strikte Abgrenzung von Naturwissenschaft und Philosophie und die durch die unvorhergesehene Progressivität der naturwissenschaftlichen Methode hervorgerufene Selbstreflexion beider Disziplinen. Die Möglichkeit der gemeinsamen Forschung liegt in der Sichtbarmachung der Voraussetzungen, der Gegenstände, Methoden und Grenzen der Naturwissenschaft. Naturwissenschaft und Philosophie treffen sich im Bereich der Wissenschaftstheorie, der Theorie vom Zustandekommen und der Struktur wissenschaftlicher Theorien. Die Basis, auf der das geschieht, kann folgendermaßen skizziert werden:

Die erfahr- und erforschbare Welt besteht für den Menschen aus mehreren Teilbereichen. Die Naturwissenschaft macht nur Aussagen über den Teil, vom dem sich objektive Daten beschaffen lassen, die als vom jeweiligen Subjekt unabhängig, jederzeit reproduzierbar definiert sind. In diesem Bereich ist die Naturwissenschaft allein zuständig, die Philosophie unterstützt sie bei der Freilegung ihrer Eigengesetzlichkeiten, beschränkt sich aber ansonsten auf Bereiche, aus denen sich keine objektiven Daten beschaffen lassen, auf Bereiche, die experimentell (noch) nicht zugänglich sind, wie den Bereich der subjektiven Empfindungen und Bereiche von Literatur, Kunst und Religion. Diese Abgrenzung bewahrt die Philosophie davor, in Widerspruch zur Realität zu geraten, und beraubt sie nicht der Möglichkeit, Aussagen zu Bedeutung, Wesen und Sinn der Welt und der Wissenschaft zu machen oder Regeln für das wünschbare ethische Verhalten des Forschers aufzustellen. Äußerungen der Philosophie dürfen anfechtbar sein, nicht aber widerlegbar. Da die Bereiche von Naturwissenschaft und Philosophie an der Grenze beider Bereiche verfließen, bleibt trotz Abgrenzung immer die Gefahr bestehen, daß wechselseitig die Grenzen der jeweiligen Zuständigkeit nicht erkannt und überschritten werden.

Wissenschaftstheorie ist von der Philosophie aus gesehen ein Teil der Erkenntnistheorie, die sich außerdem mit dem Alltagserkennen, der ästhetischen Welterkenntnis und Erfahrung und der wertenden Erkenntnis der Welt befaßt, der Theorie vom menschlichen Handeln und Entscheiden (vgl. W. *Leinfellner*, 1967, S. 11). Ausgangs- und Bezugspunkt der Wissenschaftstheorie sind die wissenschaftlichen Disziplinen, insbesondere die exakten Wissenschaften, kognitive wie nichtkognitive, die nach neopositivistischer Auffassung allein zu sinnvollen Aussagen führen. Kog-

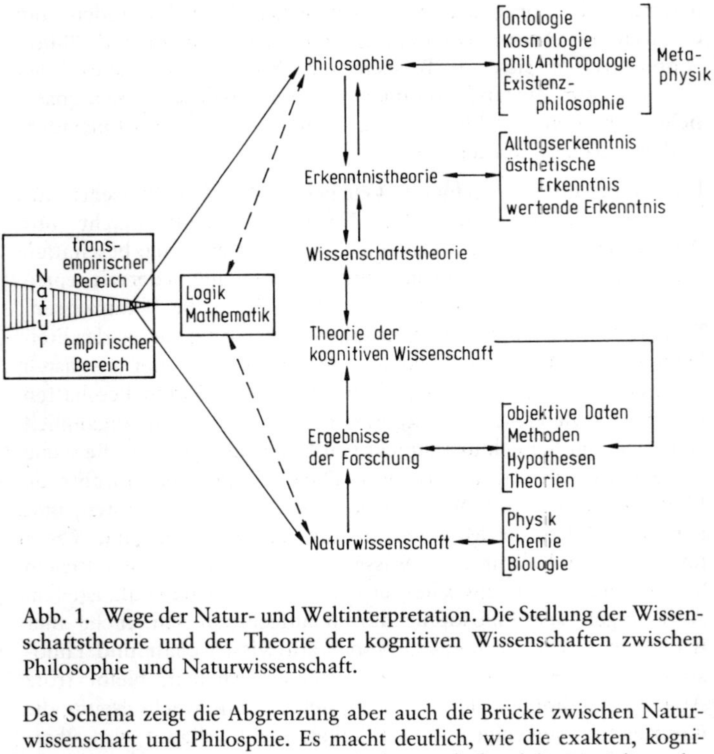

Abb. 1. Wege der Natur- und Weltinterpretation. Die Stellung der Wissenschaftstheorie und der Theorie der kognitiven Wissenschaften zwischen Philosophie und Naturwissenschaft.

Das Schema zeigt die Abgrenzung aber auch die Brücke zwischen Naturwissenschaft und Philosphie. Es macht deutlich, wie die exakten, kognitiven wie nicht-kognitiven Wissenschaften Einfluß auf die Disziplinen der Philosphie gewinnen können und wie letztere auf die Naturwissenschaften zurückwirken mögen. Eine methodologisch nicht klar abgrenzbare Zone zwischen empirischem und transempirischem Bereich, den Zuständigkeitsbereichen von Naturwissenschaften und Philosophie macht es schwierig, Grenzüberschreitungen in beiden Richtungen klar zu erkennen.

nitiv, erkennend werden Wissenschaften wie Physik und Biologie genannt, die sich um Einblicke in Gegenstände und Sachverhalte der realen Welt mühen und diesen Einblick in Hypothesen und Theorien formulieren (synthetische Aussagen). Aussagen und Folgerungen nicht-kognitiver Wissenschaften, wie Mathematik und Logik, sind unabhängig von den jeweiligen Gegebenheiten der Natur; sie sind, da ihre Gesetze und Gegenstände ausschließlich auf rationalen Übereinkünften beruhen, innerhalb ihres eigenen Systems nicht hypothetisch, sondern immer wahr (analytische Aussagen). Das Erstaunliche ist, daß das Gestell der Übereinkünfte in vielen Fällen in die reale Welt eingepaßt werden kann. *A. Einstein* (1875–1955) spricht von einer „prästabilierten Harmonie" (1974, S. 107). Man darf allerdings nicht übersehen, daß zu Beginn auch diese Wissenschaften wie die kognitiven von realen Sachverhalten ausgingen. Der wesentlichste Unterschied zu diesen besteht darin, daß sie Sachverhalte mit ihren Methoden nicht zu erklären vermögen.

Was im Folgenden gesagt wird, bezieht sich auf die kognitiven Wissenschaften, deren Methoden trotz zunächst irrational erscheinender Komponenten (s. S. 29 f.) zu richtigen Resultaten und zur Erklärung der Sachverhalte führen. Ihr Beitrag zur Theorie der wissenschaftlichen Erkenntnis besteht in den Resultaten der Forschung, in den objektiven Daten. In Abb. 1 sind die Zusammenhänge graphisch wiedergegeben.

III. Schritte auf dem Weg zu objektiver Erkenntnis

1. Die Grundposition der Naturwissenschaft

Erkenntnis der realen Welt · Bild und Wirklichkeit · Die Anpassung von Struktur, Physiologie und Erkenntnisapparat an die Umwelt

Die Naturwissenschaft geht davon aus, daß es Gegenstände und elementare Sachverhalte gibt, die schon der vorwissenschaftliche Mensch in ihren Eigenschaften und Einzelfällen erkennen konnte und kann und die erst recht von der Naturwissenschaft erkannt werden können. Wellenlängen, Frequenzen und Moleküle, die den sinnlichen Eindruck Farbe, Ton, Geruch oder Geschmack hervorrufen, sind ebenso real, von der Existenz des Menschen unabhängig, wie Gegenstände, die uns auf Grund anders ausgelegter Rezeptoren schwer oder ausgedehnt erscheinen. Von dieser Auffassung her besteht kein Grund, die auf *J. Locke* (1632–1704) zurückgehende Trennung in primäre (Schwere, Ausdehnung, Bewegung und Zahl), unabhängig vom Menschen existierende und sekundäre, nur durch den Menschen existierende Qualitäten (Farbe, Geruch etc.) aufrechtzuerhalten. Gänzlich wird die Annahme einer vom Menschen erkennbaren Realität von der idealistischen Philosophie geleugnet. Sie nimmt an, daß Gegenstände und Sachverhalte, wie wir sie erleben, ausschließlich in unserem durch geistige Grundregeln – dem Apriorischen – vorgezeichneten Erleben existieren. Darüber wie Dinge „an sich" beschaffen sind, könnten wir nicht wissen. Wie *K. Lorenz* (1973b, S. 28) ausführt, liegt ein unglaubliches Paradoxon darin, die reale Gegebenheit für ein Bild dessen zu halten, was in Wirklichkeit Bild ist.

Die Naturwissenschaft hat Gründe für ihre Auffassung; sie ist in der Lage, diese ihre Auffassung zu belegen. Alle Formen des Lebendigen existieren im Verlauf der Erdgeschichte angepaßt an die jeweiligen Gegebenheiten der Natur (vgl. S. 69ff.). Es ist ganz unvorstellbar, daß nicht angepaßte Formen eine Chance hatten zu überleben. Die Ernährungsweise mußte den Nahrungsbedingungen entsprechen, der Wasserbedarf dem Wasserangebot. Anatomische und morphologische Strukturen kompensierten im Zusammenspiel mit physiologischen Prozessen die prinzipielle Lebensfeindlichkeit der Umwelt. Ein Auge ist nur „sinnvoll" und auch nur dort entstanden wo Lichtstrahlen sind, Gehör nur dort, wo ein Medium Schall überträgt und Flossen nur im Wasser, Flügel nur in der Luft. Ebenso wie anatomische und physiologische Anpassungen sind die Vorgänge der Reizleitung und der Reizverarbeitung Möglichkeiten des Organismus der jeweiligen Umwelt Lebensraum abzugewinnen, da auch sie zunächst zu nichts weiter dienen, als den Organismus in die gegebene Umwelt besser einzugliedern. Ein Fehler in der Reizverarbeitung oder Übertragung mindert die Existenzmöglichkeiten; eine möglichst genaue Entsprechung realer Gegebenheiten in den Strukturen des Organismus ist Voraussetzung fürs Überleben. Eine *Euglena*, die das energiespendende Licht flieht anstatt es bei ihr angemessenen Intensitäten aufzusuchen, wird verhungern oder den Lichttod sterben. Eine entsprechend genaue Zuordnung von realen und erkennenden Strukturen ist ebenso notwendig, wenn bei höheren Lebewesen die Umwelt bewußt erlebt wird und die Reizverarbeitung der Kontrolle des Bewußtseins unterliegt. Ist die Zuordnung von Umwelt und Bewußtsein nicht eindeutig, hinterläßt die Umwelt einen verzerrten Abdruck im Bewußtsein, so werden auch die Antworten des Organismus auf die Herausforderungen der Umwelt nicht eindeutig, falsch sein. Sachverhalte werden nicht richtig gedeutet, Zusammenhänge willkürlich hergestellt und selbst lebensbedrohende Gefahren nicht als solche erkannt. Die Wahrscheinlichkeit zu überleben sinkt mit dem Ausmaß der Nichtentsprechung von Natur und Bewußtsein, mit der Anzahl irriger Annahmen. Wie nun leicht einzusehen ist, spricht das Überleben des Menschen seit mehreren 100tausend Jahren für eine große Anzahl richtiger, den Realitäten eindeutig zuordenbarer Annahmen über die Natur, wenigstens in den Bereichen, in denen er sich existenziell mit ihr auseinandersetzen mußte und in denen er direkt mit ihr konfrontiert war und ist. Die Anpassung unseres Erkenntnisapparates an die Gegebenheiten der Natur ist wohl auch der Grund für die Einpaßbarkeit von Mathematik und Logik in die kognitiven Wissenschaften. Daß die Abdrücke, die die Umwelt hinterläßt, mehr oder weniger Einzelheiten aufweisen, hängt mit der morphologischen und physiologischen Organisationsstufe und vom Kenntnisstand ab und hat mit Verzerrung nichts zu tun (vgl. S. 42/43). Die Umwelt wird über einen gröberen und feineren Raster der Sinneszellen und ihren Erweiterungen durch die Technik transformiert. Das entstehende Muster bleibt dasselbe; aber es sind mehr oder weniger Einzelheiten zu erkennen. Von der Konstruktion der Sinneszellen und der Apparate hängt es auch ab, welche Eigenschaften eines Gegenstandes oder Sachverhaltes erkannt werden. Die Schnecke empfängt in ihrem Lebensbereich ein ebenso richtiges Bild ihrer Umwelt wie der Mensch in der seinen. Belege für die Berechtigung einer solchen Argumentation liefern die Ergebnisse der Evolutionsforschung (s. S. 69 ff.).

2. Wahrnehmung und mitgeteilte Erfahrung

Wahrnehmung und Beobachtung · Zeichen und Wörter · Definition · drei Arten von Begriffen · Deskription · verbindliche Skalen · messen was meßbar ist

Wahrgenommene Gegenstände und elementare Sachverhalte sind die ersten Bausteine der Erkenntnis, Ausgangspunkt vorwissenschaftlicher und wissenschaftlicher Erfahrung. Vorwissenschaftlich können wir auch den größten Teil unserer Alltagserfahrung nennen. Wir nehmen zunächst wahr, daß es geformte Gegenstände gibt, daß diese schwer, hart oder warm sein können, daß es Gerüche und Geräusche gibt, Richtungen und Geschwindigkeiten oder daß wir Hunger haben. Wir nehmen dies wahr, ohne daß wir es artikulieren müßten. Niemand sammelt aber alle in diesem Bereich möglichen Erfahrungen selbst. Viele derselben übernehmen wir von anderen oder werden zumindest darauf verwiesen. Dazu bedarf es aber einer Sprache. Mit Gebärden, Gesten und Lauten wird eine solche geschaffen. Wahrgenommenes kann auf andere Individuen übertragen werden. Sprache macht die zunächst noch averbale Erfahrung mitteilbar.

Es werden Wörter für Gegenstände und Sachverhalte erfunden, und mit deren Benennung sind diese mit ihren Eigenschaften zumindest innerhalb eines Sprachraumes gekennzeichnet.

Einmal vorhandene Wörter lassen sich dann dazu verwenden, bekannte Wörter und neu hinzukommende zu definieren. Sie werden unmißverständlicher gemacht. Ihre Bedeutung wird umschrieben und genauer festgelegt. Durch Definition werden aus Wörtern Begriffe. Jeder weiß dann, daß eine Eiche ein Baum ist, der sich in bestimmten, aufzählbaren Eigenschaften von anderen Bäumen, anderen Gegenständen unterscheidet. Ein selbst nicht beobachteter Gegenstand oder Sachverhalt wird ohne realen Aufweis vorstellbar. Nachdem Begriffe gebildet sind, läßt sich durch Begriffsverbindungen Erfahrung beschreiben und diskutieren, wird Erfahrung überprüfbar. Aber auch erdachte Sachverhalte werden mitteilbar.

Durch einen Prozeß, der in den folgenden Abschnitten skizziert wird, sind die zur Definition verwendeten Wörter jeweils schon etwas weniger unbestimmt als das zu definierende Wort.

Trotz Definition verbinden wir in unseren Vorstellungen meist noch mehr mit einem Wort als nur die Definition. Ein kaum definierbarer, durch naturwissenschaftliche Aussage sicher nicht mitteilbarer Anteil von Empfindungen und Assoziationen schwingt mit. Sicher führen schon averbale Erfahrungen zu begriffsähnlichen Mustern von Vorstellungen, wie sie bei höheren Wirbeltieren nachgewiesen wurden, doch diese mitzuteilen, gelingt nur durch Sprache.

Zeichen und Zeichenverbindungen schließlich, die als Symbole für Begriffe verwendet werden, machen die Übermittlung von Erfahrung unabhängiger von der Gedächtnisleistung des Einzelnen oder der Gruppe. Mit dem Erkennen des Symbols sind Gegenstand und Sachverhalt wieder gegenwärtig. Mehr als für die Alltagserfahrung wird Schrift zur Notwendigkeit für Wachstum und Kontinuität wissenschaftlicher Erfahrung.

Je wichtiger ein Gegenstand oder ein Sachverhalt für einen bestimmten Lebensbereich ist, desto genauer wird derselbe von

Rekonstruktion kann fehlerhaft sein

Ähnlichem unterschieden. Mag es in einem Bereich genügen zu wissen, was ein Baum oder ein Pferd ist, so kann in einem anderen die Aufgliederung in Eiche, Buche, Tanne oder Schimmel, Brauner, Fuchs oder Rappe noch als zu gering erachtet werden. Die Feinheiten der biologischen Nomenklatur werden von den Begriffen der Züchter noch übertroffen. Die zunehmende Unübersichtlichkeit zu der eine möglichst weitgehende, genaue Differenzierung führt, wird durch die Bildung von Oberbegriffen wieder abgewendet. Am bekanntesten ist eine solche Bildung von Oberbegriffen aus der Biologie, die Art, Gattung, Familie, Ordnung und Klasse unterscheidet und damit Klassen größerer und geringerer Ähnlichkeit bildet.

Der Prozeß der Begriffsbildung ist nie abgeschlossen. Stets werden den augenblicklichen Erfahrungen und Bedürfnissen entsprechend Begriffe neu geschaffen oder alte Begriffe neu definiert, alte Wörter oder Wortpartikel auf neue Sachverhalte angewendet. Man rufe sich allein den Bedeutungswandel der Begriffe Element oder Atom seit dem Altertum ins Gedächtnis zurück.

Selbst die in vorliegendem Text verwendeten Begriffe, bei denen versucht wurde, sie stets in derselben Bedeutung zu gebrauchen, mögen, vom Kontext beeinflußt, eine gewisse Plastizität der Bedeutung besitzen.

Die Schaffung neuer Begriffe ist vor allem im wissenschaftlichen Bereich nötig, in dem sich der Mensch immer wieder neuen Gegenständen und Sachverhalten gegenübersieht. Atomorbital, Mitochondrien oder Elementarmembran sind Begriffe, die der Umgangssprache fremd sind.

Wissenschaftlichkeit erweist sich aber nicht dadurch, daß man für umgangssprachliche Begriffe nur einer kleinen Gruppe verständliche und keineswegs besser definierte Wörter einführt. Die Flut an Wortneubildungen in Pädagogik, Didaktik und Soziologie steht in keinem Verhältnis zu der Anzahl neu zugänglicher Sachverhalte. Man braucht sich nur die Mühe zu machen die englischen Wortstämme zu übersetzen oder mittels eines entsprechenden Handwörterbuches Texte in die allgemeinverständliche Sprache zu übertragen (vgl. S. 41).

Bei der Definition von Begriffen, die in der Naturwissenschaft Verwendung finden, werden nur noch wenige, genau festgelegte Assoziationen zugelassen. Zur Vermeidung von Mißverständnissen werden die individuellen, subjektiven Muster unserer Vorstellungen von Gegenständen und Sachverhalten beschnitten. Die vielen Begriffen der Umgangssprache noch anhaftende Vieldeutigkeit wird dadurch vermieden. So ist eine Blüte in der Definition der Biologie ein Kurzsproß, der zur Fortpflanzung dienende, umgewandelte Blätter trägt. Wenn man damit die Bedeutung und die damit verbundenen Assoziationen des Wortes Blüte in der Umgangssprache vergleicht, so wird deutlich, wie der Begriff Blüte definitorisch präzisiert, eingeengt wurde. Der Übergang von vorwissenschaftlicher zu wissenschaftlicher Sprache vollzieht sich in der Strenge der Definition.

Neben den klassifikatorischen Begriffen, wie sie eben erwähnt wurden, finden bei der Begriffsbildung komparative Verwendung, mit denen Gegenstände und Sachverhalte voneinander in anderer Weise unterschieden werden können, durch Begriffe wie größer, wärmer, schwächer, mehr oder weniger. Die individuellen Vorstellungen über das Ausmaß oder die Reichweite von Begriffen wie groß und klein oder warm und kalt werden durch die Auswahl eines bekannten Bezugsgegenstandes objektiver, allgemeiner mitteilbar, selbst dann, wenn schon differenzierte Abstufungen bekannt sind wie kalt, lauwarm, warm oder heiß. Schon die Begriffe eiskalt und glühheiß, die den Spielraum der Mitteilungsskala erweitern, sind von einem Vergleich abgeleitet.

Auch heute wird Härte noch komparativ ermittelt, durch Vergleich mit der Härte der natürlichen Mineralien. Wenn man diese so in einer Reihe anordnet, daß ein Mineral jeweils vom nächst folgenden geritzt wird, erhält man eine Skala von Härtegraden.

Zu einer weitergehenden Objektivierung tragen schließlich quantitative Begriffe bei. In der Physik werden sie als Größen bezeichnet. Zum festgelegten Bezugsgegenstand, der nun einem weiteren Kreis bekannt ist, tritt ein Meßprozeß. Eine Größe messen heißt, sie mit einer Maßeinheit, dem Bezugsgegenstand zu vergleichen. Zunächst trägt der Bezugsgegenstand immer noch individuelle

Züge, wie es in den Begriffen Elle, Fuß oder Schritt zum Ausdruck kommt. Erst später einigt sich die Wissenschaft auf genormte, universellere Maßstäbe. Grundvoraussetzung für einen Meßprozeß ist das Zählen, die früheste und einfachste quantitative Methode, die bei allen ethnischen Gruppen in irgendeiner Form verwirklicht ist und in verschiedenen Kulturkreisen zur Mathematik weiterentwickelt wurde. Man ist nicht nur mehr auf die Mitteilung angewiesen: „Hier wachsen mehr Bäume als dort". Man kann feststellen, daß es 7 und 4 Bäume sind. Macht man Schritte zum Gegenstand des Zählens, so hat man eine Maßeinheit und eine erste Methode des quantitativen Messens gewonnen.

Wie das Beispiel Härtebestimmung zeigt (die offizielle Härteskala reicht von 1 bis 10) kann Zählen aber auch bei komparativen Begriffen angewendet werden, bei allen Sachverhalten, die durch ein Mehr oder Weniger untereinander verbunden sind. Der Zustand von Pflanzen in landwirtschaftlichen Versuchen wird auf diese Weise bonitiert. Es entsteht eine Rangskala, nicht wie zuvor eine Intervallskala. Allerdings sind dann die „Schritte" unterschiedlich groß. Noch unterschiedlicher werden die „Schritte", wenn beliebigen Sachverhalten, verschiedenen Modalitäten Zahlen zugeordnet werden.

Je weiter Naturwissenschaft fortgeschritten ist, desto mehr wird sie von quantitativen Begriffen beherrscht. Sie erlauben die exakten Mittel der Mathematik für die kognitiven Wissenschaften nutzbar zu machen. *G. Galilei* (1564–1642), der mit seinen Experimenten, aber vor allem mit seinen theoretischen Abhandlungen die moderne Naturwissenschaft begründete, sieht die Aufgabe der Naturwissenschaft darin „zu messen was meßbar ist und meßbar zu machen, was nicht meßbar ist", und *I. Kant* (1724–1804), der sein Gedankengebäude auf den Grundlagen der *Newton*schen Physik (*I. Newton* 1643–1727) aufbaut, meint in Übereinstimmung mit *Newton* (der nur etwas anders formuliert: „Das Buch der Natur ist in der Sprache der Mathematik geschrieben"), daß in jeder Naturlehre nur soviel echte Wissenschaft angetroffen werden könne, als Mathematik in ihr anzutreffen ist.

Diese Aussagen sind an den naturwissenschaftlichen Kenntnissen der damaligen Zeit, der Physik, orientiert. Sofern man davon ausgeht, daß alle erforschbaren Sachverhalte in letzter Konsequenz auf mathematisch formulierbare, physikalische Gesetzmäßigkeiten zurückzuführen sind und es verbindliche Skalen und Maßstäbe gibt, mit denen sich Sachverhalte messen lassen, besteht auch kein Grund anzunehmen, daß sie nicht auch für jüngere Naturwissenschaften wie die Biologie gültig wären. Daß biologische Sachverhalte meist nicht in einer überschaubaren mathematischen oder chemischen Formel ausgedrückt werden können, liegt an der Vielzahl und den Wechselwirkungen der einen biologischen Sachverhalt konstituierenden Vorgänge. Wie viel oder wenig eine Formel zur Aufschlüsselung und zum Verständnis biologischer Vorgänge beiträgt, mag der Summenformel für die Photosynthese oder der mathematischen Form einer Wachstumskurve entnommen werden.

Obwohl die molekularen Grundlagen von Begriffen wie Wachstum, Regulation, Reiz oder Reflex mehr oder weniger deutlich sichtbar sind, verlieren diese spezifischen biologischen Begriffe als Oberbegriffe, als sprachliche Abkürzungen komplizierten Geschehens nicht ihre Bedeutung (vgl. S. 45 f.). Es wäre einfach zu umständlich, in jedem Fall bei der Wechselwirkung von Molekülen oder Atomen zu beginnen.

„Messen was meßbar ist" beginnt auch in der Biologie beim Vergleichen und Zählen und endet dort, wo Sachverhalte auftreten, für die keine Meßmethode bekannt ist. „Meßbar machen, was nicht meßbar ist" heißt, für diese Sachverhalte Meßmethoden zu erfinden.

Von biologischer Seite wird immer wieder darauf hingewiesen, daß neben dem oft als künstlich und als Vergewaltigung der Natur empfundenen Messen, die reine Anschauung, die natürliche Beobachtung und Beschreibung ihre Berechtigung habe. Das ist richtig. Man muß sich aber klar darüber sein, daß künstliche und natürliche Beobachtung Pole eines Scheinwiderspruchs sind. Es ist nur eine zeitliche Reihenfolge festzustellen. Der Antrieb zum Messen entspringt natürlicher Beobachtung; ohne sie wäre kein meßbarer Sachverhalt bekannt. Hinzu kommt, daß reine Beobachtung nur mitgeteilt werden kann, wenn bereits Skalen und Maßstäbe bekannt sind, die eine Beobachtung begrifflich ein-

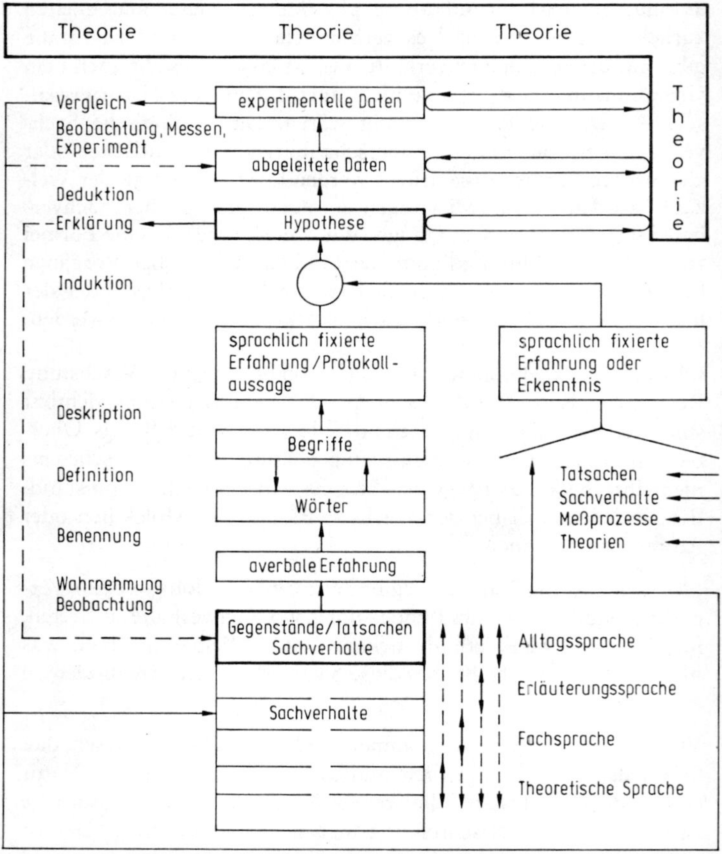

Abb. 2. Schema des Erkenntnisprozesses.

Der erste Schritt zur Erkenntnis ist die Wahrnehmung von Gegenständen und Tatsachen, den Einzelfällen von Sachverhalten. Sie hinterlassen averbale Erfahrungen, die durch die Erfindung von Wörtern und Zeichen benannt werden können. Größere Genauigkeit und Verständlichkeit ohne die unmittelbare Gegenwart von Gegenstand oder Tatsache wird durch die Definition der Wörter mit anderen Wörtern erzielt. Der damit eingeleitete Prozeß der Begriffsbildung ist nie abgeschlossen. Stets entstehen Begriffe, deren Geltungsbereich durch immer schärfere Definition immer genauer eingegrenzt wird. Mit Begriffen und Begriffskombinationen läßt sich Erfahrung sprachlich fixieren und in Protokollaussagen schriftlich niederlegen. In einem Prozeß, der als Teil eines Mechanismus von Versuch und Irrtumsbeseitigung angesehen werden kann, der Induktion, wird nun sprachlich fixierte Erfahrung mit weiteren sprachlich fixierten Erfahrungen wechselweise verknüpft, Tatsachen mit Tatsachen, mit Sachverhalten, mit bereits bekannten Meßprozessen und Theorien oder diese untereinander. Die dadurch entstehende Hypothese erklärt die Wahrnehmung als Teil einer übergeordneten Gesetzmäßigkeit. Ein transempirischer Anteil der Hypothese wird in ihren Deduktionen, den abgeleiteten Daten deutlich, die noch nicht beobachtete Tatsachen durch die Anwendung von Denkregeln voraussagen. Sind die Ausgangsdaten, die schriftlich fixierten Erfahrungen richtig, so sind es auch die abgeleiteten. Durch Beobachtungen, Messen und Experimentieren wird daraufhin versucht, die abgeleiteten Daten in die Realität umzusetzen. Jede dabei entstehende, dem Erkenntnisprozeß neu zugeführte Tatsache wird wieder über Wort- und Begriffsbildung zur Protokollaussage, die mit den Aussagen der Hypothese und den abgeleiteten Daten verglichen wird. Der Vergleich vollzieht sich in der Dimension der Sprache, bis Identität der Formulierung festgestellt werden kann. Die sprachliche Formulierung der Hypothese präzisiert sich mit schärferer Begriffsbestimmung, die wiederum von der Beobachtung neuer Tatsachen abhängt. Sind Begriffe, abgeleitete und experimentelle Daten nicht in Einklang zu bringen, wird zu ihrer Verknüpfung eine neue Hypothese notwendig. Kann Einklang hergestellt werden, ist die Hypothese belegt und geht in eine Theorie gleichen Wortlauts über, aus der abgeleitete, experimentelle Daten und die ursprünglichen Tatsachen ableitbar sind. In den Zyklen des Erkenntnisprozesses werden zunächst nicht erkennbare Sachverhalte erkannt. Querverbindungen zu anderen Sachverhalten werden deutlich. Da die wachsende Erkenntnis Hand in Hand mit neuer Wortbildung und Definition einhergeht, sind die ursprünglichsten Theorien zunächst in der Alltagssprache, dann in der Erläuterungssprache und schließlich in Fachsprachen und eventuell in theoretischer Sprache formuliert.

ordenbar machen. Skalen und Maßstäbe müssen zunächst nicht dem cgs-System angehören. Eine Gegenstimme sei als Fußnote angefügt*.

Mit der Einführung eines Meßprozesses in die Beobachtung haben wir aber bereits den Bereich des Erkenntnisprozesses verlassen, der zwischen Wahrnehmung und sprachlicher Fixierung der Wahrnehmung liegt. Wir werden auf Meßprozesse später zurückkommen (S. 36ff.).

3. Über Induktion zu Hypothesen

Verknüpfung von Protokollaussagen · erklärende und nicht-erklärende Hypothesen · Induktion · verallgemeinernde und verknüpfende Hypothesen · Irrationalität der Induktion · Simulation der Induktion · das Programm der „Gleichheiten“ · Auswahlkriterien

Durch die sprachlich fixierte Erfahrung werden Beobachtungen und Wahrnehmungen (die man als zufälliger als Beobachtungen von diesen abheben kann) mitteilbar. Eine wissenschaftliche Mitteilung über eine Beobachtung nennt man auch Protokollaussage, den der Beobachtung zugrundeliegenden Sachverhalt Tatsache. Tatsachen sind die beobachtbaren Einzelfälle eines Sachverhalts. In einer Protokollaussage werden alle erkennbaren Merkmale einer

* Bekannte Aussprüche, wie etwa der, daß jede Naturforschung so weit Wissenschaft sei, als sie Mathematik enthalte, oder daß Wissenschaft darin bestehe, „zu messen, was meßbar ist, und meßbar zu machen, was nicht meßbar ist“, sind erkenntnistheoretisch wie menschlich der größte Unsinn, der je von den Lippen derer kam, die es besser hätten wissen können. Obwohl nun diese Pseudo-Weisheiten nachweisbar falsch sind, beherrschen ihre Auswirkungen auch noch heute das Bild der Wissenschaft. Es ist jetzt *Mode,* sich möglichst physikähnlicher Methoden zu bedienen und zwar gleichgültig, ob diese für die Erforschung des betreffenden Objektes Erfolg versprechen oder nicht. (*K. Lorenz,* in: Die acht Todsünden der zivilisierten Menschheit, S. 100f.).

Tatsache, zum Beispiel Zeitpunkt, Dauer, Ort und Stärke eines Erdbebens oder Temperatur, Lichtverhältnisse, Jahreszeit und Keimdauer beim Keimen einer Pflanze festgehalten.

Mitteilungen über Tatsachen sind das Material für Hypothesen. Die meisten Hypothesen der Naturwissenschaft sind erklärend. Mit ihnen wird versucht Tatsachen als Sachverhalt, als Teil einer übergeordneten Gesetzmäßigkeit zu sehen. „Erklären heißt, etwas als den speziellen Fall einer allgemeinen Erscheinung erweisen können", sagt *V. Kraft* (1960, S. 296). Da als übergeordnete Gesetzmäßigkeit im weitesten Sinne eine kausale Verknüpfung von Sachverhalten angenommen werden muß, heißt Erklären auch, einen Sachverhalt auf eine Ursache, auf schon bekannte, zeitlich vorausgehende Sachverhalte zurückzuführen. Ist eine solche Zurückführung nicht möglich, so stehen wir vor einem Problem.

Nicht-erklärend werden Hypothesen genannt, die das Ziel haben historische Tatsachen, einmalige Ereignisse, auch Kriminalfälle zu rekonstruieren oder festzustellen. Wir fragen nicht „Wie ist die Tatsache zu erklären?" sondern „Wie ist es oder wie war es?" (vgl. S. 10). Zumindest steht die erste Frage zunächst ganz im Hintergrund. Wir werden darauf zurückkommen. Hypothesen müssen nicht richtig sein. Hypothesen sind Behauptungen, deren Richtigkeit vermutet wird; sie sind vorläufig. Die Bewegung der Himmelskörper wird mit dem ptolemäischen System ebenso erklärt wie mit dem kopernikanischen.

Zu Hypothesen gelangt man durch einen Vorgang, der Induktion genannt wird. Induktion ermöglicht, die an einzelne Tatsachen geknüpfte Erfahrung auf einen übergeordneten, nicht beobachtete Tatsachen umfassenden Bereich auszudehnen. Das geschieht einenteils durch Verallgemeinerungen von Beobachtungen und andernteils durch die Bildung von Hypothesen, die verschiedene Verallgemeinerungen zu neuen Vorstellungen verknüpfen. In jedem Fall wird von Einzelfällen auf allgemeiner gültige Zusammenhänge geschlossen; die Grenzen der in der Protokollaussage niedergelegten Erfahrung werden überschritten. Durch Induktion wird die übergeordnete Gesetzmäßigkeit erschlossen, die der Ausgangspunkt für eine Erklärung ist.

Induktion besteht zunächst sehr einfach darin anzunehmen, daß ein gewisser Vorgang, den man etliche Male beobachtet hat, in derselben Weise immer wieder ablaufen wird oder daß das Verhalten eines Gegenstandes bei gleichen äußeren Bedingungen stets dasselbe bleibt. So gesehen ist Induktion nur das Postulat steter Unveränderlichkeit und Wiederholung. Sie bringt Hypothesen hervor wie: Jeden Morgen geht die Sonne auf; der Mensch muß essen; Kupfer leitet den Strom. Ausgangspunkt waren die Beobachtungen, daß es noch jeden Tag hell geworden ist, daß der Mensch ohne Nahrung verhungert oder daß alle untersuchten Kupferstücke den Strom leiten.

Die Rolle der Induktion ist hier offensichtlich. Das Zahlwort *eins* für eine zunächst beobachtete Tatsache wird schrittweise durch die Begriffe *zwei, mehrere, viele* und schließlich *alle* ersetzt. Aus der Tatsache, daß ein Kupferstück den Strom leitete, wird letztlich die Hypothese „alle Kupferstücke leiten den Strom". Ganz sicher sind wir aber nur in den beobachteten Fällen.

Von solchen und ähnlichen Resultaten der Induktion lassen wir uns im Alltag und bei der Forschung ständig leiten, völlig irrational leiten, wie *D. Hume* (1711–1776) meint (s. *K. Popper*, 1973, S. 17). Wäre es aber nicht so, wäre es kaum möglich zu überleben. Jegliches Tun wäre ohne die vorausgesetzte Kontinuität (s. S. 52f.) der Welt in seinen Ergebnissen unbestimmt und deshalb schon in der Planung fraglich, ja ausgeschlossen.

Die Sicherheit eines Induktionschlusses hängt davon ab, wieweit die Begriffe ausreichten, einen Sachverhalt zu erfassen, wieweit der Begriff Kupfer eine andere vielleicht mögliche, den Strom nicht leitende Kupfermodifikation ausschließt, wieweit das Beobachtungsgebiet des Sonnenbeobachters festliegt, ob Essen allgemein mit Ernährung gleichzusetzen ist. Der Verlaß auf die Gültigkeit einer Verallgemeinerung wird dann irrational, wenn man im Zweifel über die adäquate Beschreibung des zugrundeliegenden Sachverhalts sein kann oder wenn Grund zu der Annahme bestünde, daß ein Sachverhalt nicht allein kausal bedingt sei.

Verallgemeinerungen werden kaum noch als selbständige Hypothesen registriert. Sie sind meist Teile von weiteren Hypothesen, von Hypothesen, mit denen Beziehungen zwischen Sachverhalten hergestellt werden, die sich weniger gleichen als die Beobachtungen von einzelnen Sonnenaufgängen oder Kupferstücken. In diesen Hypothesen werden Sachverhalte behauptet, die bisher weder beobachtet wurden noch den Ausgangssachverhalten gleichen wie bei bloßer Verallgemeinerung und die auf neue, nicht erneute, Beobachtung und Nachforschung hinlenken. Will die Naturwissenschaft nicht nur auf zufällige Beobachtung angewiesen sein, so benötigt sie derartige Hypothesen.

Der heute gültigen Hypothese: „Die Wachstumsrichtung von Sproß und Wurzel ist durch die Erdanziehung determiniert“ liegt die wiederholte Beobachtung der Wachstumsrichtung von Sproß und Wurzel zugrunde und die Erfahrung der Erdanziehung. „Alle Wurzeln wachsen auf den Erdmittelpunkt zu. Alle Gegenstände fallen in Richtung Erdmittelpunkt.“ Beide Erfahrungen, die stets erneut werden können, wurden durch Induktion vereinigt. Die Wachstumsrichtung wird mit dem Wirken der Schwerkraft erklärt. Die Frage nach dem Mechanismus der Schwerkraftwirkung schließt sich an. Die Leistung der Induktion ist offensichtlich, wenn man sich vergegenwärtigt, daß die Hypothese ebenso hätte lauten können: Für die Wachstumsrichtung sind Licht, Luft, Feuchtigkeit, Temperatur oder gar eine sinnvoll lenkende Lebenskraft verantwortlich. Alle zugrundeliegenden Sachverhalte waren der Erfahrung, seit man denken kann, zugänglich. Weshalb wurde dann aber die Geotropismus-Hypothese erst Anfang des 19. Jahrhunderts durch *T. A. Knight* (1755–1838) gefunden (s. *K. Mägdefrau*, 1973, S. 51); wie konnte *Demokrit* (460–371) vor 2500 Jahren seine richtige Atomhypothese aufstellen? Es scheint, daß bei diesen Fragen das Wirken irrationaler Komponenten der Induktion sichtbar wird. *A. Einstein* (1879–1955) (s. 1974, S. 111) sagte: „Hier gibt es keine erlernbare, systematisch anwendbare Methode, die zum Ziele führt“. Der Forscher muß der Natur die Hypothesen „gleichsam ablauschen“. Induktion gilt als nicht analysierbar mit naturwissenschaftlichen Mitteln. Induktion wird bei *B. Rensch* (1968, S. 13, 169) mit Intuition, Spontaneität und Phantasie umschrieben.

Das sind Wörter aus einem anderen Erkenntnisbereich, aus dem Bereich der Assoziationen. Trotzdem gibt es Ansätze, sich dem gleichsam schöpferischen Vorgang der Induktion mit naturwissenschaftlichen Begriffen zu nähern, Induktion wenigstens partiell einsichtiger, erklärbar zu machen.

Man kann sich überlegen, ob eine für das Auffinden von Gleichheit programmierte Datenverarbeitungsanlage bei der Hypothesenbildung nicht ähnliche Leistungen wie Induktion erbringen könnte.

Voraussetzung wäre, daß die Möglichkeit bestünde, alle mit unseren Wörtern verknüpfte Assoziationen, alle unsere Erfahrung einzugeben. Die Anlage würde dann sicher ohne Gewichtung Gleichheiten feststellen, die in unserem Sprachgebrauch von exakter Gleichheit über alle Grade der Ähnlichkeit bis zu bloßen Analogien reichten.

Die Geotropismus-Hypothese würde sich etwa durch die Gleichheit der mit Pflanzenwachstum und Schwerkraft assoziierten Begriffe von „abwärts“ gerichtetem Wurzelwachstum und „abwärts“ fallendem Stein oder „aufrechtem“ Wuchs des Sprosses und „aufrechtem“ Gang einstellen.

Unsere gesamte Begriffsbildung führt zu einem System abgestufter Ähnlichkeiten. Die Bestimmungsschlüssel der Systematik und die Stammbäume natürlicher Verwandtschaften sind augenfällige Beispiele. Der Begriff Anpassung enthält die Annahme, daß es Gleichheiten, Entsprechungen zwischen Strukturen der Umwelt und Strukturen der Lebewesen gibt, die sich ins Bildliche übertragen etwa wie Fluß und Flußbett oder wie Schlüssel und Schloß verhalten, und der Hinweis auf analoge Ergebnisse bei Prozessen des Gehirns und einer Datenverarbeitungsanlage setzt erkennbare Entsprechungen voraus. Unzweifelhaft weisen die Sachverhalte der Welt vergleichbare Eigenschaften auf, die der Aufnahmefähigkeit des Gehirns entsprechen, ist dieses doch in Anpassung an die Umwelt entstanden (s. S. 69ff., 18f.). Doch oft werden Gleichheiten nur in Assoziationen und Sprache vorhanden sein, bedingt durch ungenügende Beobachtung, semantische Unschärfen und definitorisch nicht ausgeschlossene Restteile von Mustern. Die im Verlauf der Evolution erworbene Programmierung setzt auch diese miteinander in Beziehung. Die vorwissenschaftliche Zeit war reich an derartigen Gleichsetzungen. Magische Vorstellungen, die immer noch nachwirken, lassen ahnen wie tief verwurzelt diese Programmierung ist. Verleihen nicht Löwenzähne Löwenmut, zieht nicht das Durchstechen des Abbildes eines Gegners oder einer Beute deren gewaltsamen Tod nach sich, oder ergeben leberförmige Blätter nicht auch eine Arznei für die Leber? Die Zahl der Beispiele wäre Legion. (Man vergleiche entsprechende Ausführungen bei *K. Dittmer*, 1954 und *R. Federmann*, 1964). „Als Gleiches gelten dabei sowohl (scheinbare) Ähnlichkeiten im Äußeren, im Verhalten, in den Wirkungen oder eine durch assoziative Gedankenkette hergestellte Beziehung" (*K. Dittmer*, 1954, S. 81). Noch die Vorstellungen *Goethes* in der Abhandlung „Über die Spiraltendenz der Vegetation" sind ganz von magischen Gleichsetzungen beherrscht. Magisch ist auch die Auffassung, daß die Existenz eines Wortes Beweis für die Existenz eines damit bezeichneten Sachverhaltes sei.

Damit nicht unzählige Hypothesen entstehen, erfolgte eine Gewichtung im selben Maße, wie wir den gespeicherten Assoziationen Bedeutung beimessen, das heißt, wie wichtig für unser Tun wenigstens einer der zugrundeliegenden Sachverhalte oder eine Vorstellung erscheint. Darüber hinaus wäre ein weiteres Auswahlkriterium die Ähnlichkeit mit vorausgegangenen Hypothesen. Die Anzahl der möglichen Hypothesen wäre allein durch die Konstruktion der Datenverarbeitungsanlage bzw. des Gehirns begrenzt, dadurch wie fehlerfrei die Konstruktion verwirklicht wurde, und von der Menge der gespeicherten Wörter, Begriffe und Assoziationen.

Die irrationale Komponente liegt in den mit den Wörtern verknüpften Assoziationen, die den Bereich der Naturwissenschaften überschreiten und den Bereich der Empfindungen mit einschließen. Entscheidend für naturwissenschaftliche Hypothesen ist es aber, daß ihre Begriffe durch das weitgehende Ausschließen von Assoziationen bei der Definition (vgl. S. 23, 26) eindeutiger dem realen Bereich zuzurechnen sind. Diese reale Komponente beschränkte die Zahl der für die Naturwissenschaft sinnvollen Hypothesen. Als entscheidendes Auswahlkriterium, dem schließlich alle Irrationalität zum Opfer fällt, tritt der Vergleich mit realen Gegebenheiten hinzu. *Demokrits* Hypothese – eine von vielen tausenden in der

Geschichte der Philosophie – ist nur deshalb ins allgemeine Bewußtsein der Naturwissenschaft gerückt, weil sie nach 2500 Jahren dem Vergleich mit der Realität standhielt.

K. Popper vermutet, daß das Auswahlkriterium für naturwissenschaftliche Hypothesen allein die Methode von Versuch und Irrtumsberichtigung sei. Jeder Versuch entspricht einer Hypothese, jeder nicht zum Ziele führende Versuch, jeder Irrtum führt zur Ausscheidung der betreffenden Hypothese. *K. Popper* (1973, S. 37, 273) sieht den Hauptunterschied zwischen *Einstein* und einer Amöbe darin, daß *Einstein* (im Gegensatz zur Amöbe) bewußt auf Fehlerbeseitigung aus ist. Gespeicherte Protokollaussagen über Irrtümer machen ähnliche umgehbar, manchen Versuch überflüssig. Empirisch gewonnene Belege werden durch rein gedankliche Nachprüfung ergänzt. *Einstein* ist nicht gezwungen, stets das gleiche Problem zu lösen.

4. Richtige Hypothesen und Theorien

Deduktion und Experiment · Transformation der Beobachtung in Sprache · Theorie des Messens · operationale Definition · Faktorenanalyse · Artefakte · von Alltagssprache zu theoretischer Sprache · Diagramme, Formeln und Modelle

Sobald eine Hypothese entstanden ist, wird sie Gegenstand von Ableitungen und Folgerungen. Sie wird Gegenstand der Deduktion. Deduktion ist das Schließen vom Allgemeinen, von der übergeordneten Gesetzmäßigkeit auf den Einzelfall. Sie ist somit Umkehrung, aber auch Erweiterung der Induktion. Umkehrung bedeutet, daß Einzelfälle, wie sie in den Protokollaussagen wiedergegeben werden, selbstverständlicherweise wieder aus der Hypothese erschlossen (erklärt) werden können. Erweiterung der Induktion ist Deduktion insoweit, als sie zu abgeleiteten Daten, noch nicht beobachteten, aber zu beobachtenden Tatsachen führt. Durch die konsequente Anwendung von Denkregeln, wie sie seit *Aristoteles* (384–322) systematisch zusammengestellt werden, gelangt man zu Aussagen, die richtig sind, falls der Ausgangspunkt, die Hypothese nicht falsch ist. Das gilt ebenfalls für die mathematische Behandlung von Ergebnissen der kognitiven Wissenschaften. Diese Aussagen sind rational, logisch begründet, das heißt in einsehbare, jederzeit nachvollziehbare Schritte auflösbar. Ein einfaches Beispiel: Aus der Hypothese „Kupfer leitet Strom" und der Tatsache (möglicherweise auch der Annahme), daß ein bestimmter Gegenstand kupfern ist, läßt sich folgern, daß auch dieser Gegenstand den Strom leitet. Das Ergebnis ist eine Variation der Hypothese. Schon bei deren Entstehung durch Induktion mögen ähnliche Schlußformen beteiligt gewesen sein.

Auf Beobachtung hinführende Deduktionen der Geotropismushypothese wäre die Aussage, daß bei einer waagrecht um ihre Achse rotierenden Pflanze die Schwerkrafteinflüsse zu keiner bevorzugten Wachstumsrichtung mehr führen, oder daß die Wachstumsrichtung von Sproß und Wurzel durch Zentrifugation entsprechend der Richtung der Zentripetalkraft zu beeinflussen sei.

Abgeleitete Daten machen eine Hypothese weiter überprüfbar. Kriterien der Überprüfung sind Beobachtung und Experiment. Im Experiment werden die Bedingungen (bedingende Sachverhalte) verwirklicht, unter denen ein bestimmter in den Deduktionen einer Hypothese vorausgesagter Sachverhalt beobachtbar sein sollte. In bestimmten Fällen werden die zur Überprüfung nötigen Bedingungen von der Natur selbst geliefert. Man denke an die experimentellen Möglichkeiten der ersten Naturforscher oder an die Möglichkeiten der Überprüfung bei den Geowissenschaften oder der Astronomie. Die Bedingungen treten teils zufällig auf, teils sind sie vorhersehbar. Vulkanausbrüche erfolgen mehr oder weniger zufällig, das Eintreten von Ebbe und Flut oder eine Sonnenfinsternis ist inzwischen berechenbar. Erst wenn solche Bedingungen Realität werden, läßt sich entscheiden, ob die als davon abhängig angesehenen Sachverhalte existieren. Treten die Sachverhalte ein, wie vorhergesagt, so ist die Hypothese bestätigt, und die neuen Sachverhalte ergeben mit den schon vor der Deduktion bekannten eine verbreiterte Basis der Hypothese. Der andere Fall, wenn die Beobachtungen nicht im Bereich der Deduktion liegen, führt zu einer Neuordnung der nun vermehrt bekannten Sachverhalte, zum Neubeginn des Erkenntnisprozesses.

Ob wir uns mit den Ergebnissen eines Experiments befassen oder nur beobachten, wir vergleichen die tatsächlichen Ereignisse (Sachverhalte) mit Deduktionen unserer Hypothese; wir versuchen beide in der Dimension der Sprache zur Deckung zu bringen. Das setzt voraus, daß wir in der Lage sind, verschiedene sprachliche Formulierungen durch Umformung in Gleichklang zu bringen. Für Identitäten sind dann keine weiteren Wahrheitskriterien mehr nötig und möglich.

Wir objektivieren unseren Vergleich, indem wir messen. Messen ist aber nur möglich, weil durch den Erkenntnisprozeß schon Vergleichsmöglichkeiten, Maßeinheiten geschaffen worden sind, die wieder über Induktion mit anderen Sachverhalten verknüpft werden können, weil überhaupt erkannt wurde, daß die Natur messend erfaßt werden kann. Maßstäbe sind Teil unserer Hypothesen. Sie sind durch die Festlegung von Handlungsweisen definiert, die den Begriff der Skala, der Maßeinheit und der Größe konstituieren. Man sagt, die Begriffe seien operational definiert. Man erinnere sich, wie durch das Abschreiten einer Strecke Skala und Maßstab entstehen. Neben der Festlegung der Einheit (1) (lange Zeit war beispielsweise das Meter durch die Anweisung den 10^7ten Teil der Strecke Nordpol–Äquator zu nehmen definiert, heute ist sie es durch das x-fache der Wellenlänge einer bestimmten Spektrallinie) muß bestimmt werden, unter welchen Bedingungen zu messender Gegenstand und Maßeinheit übereinstimmen (2) und wie das Verfahren, die Verbindungsoperation, aussehen soll, mit dem zwei Strecken zum Messen vereinigt werden müssen (3). Das heißt, daß ein Gegenstand dann einen Meter mißt, wenn Maßeinheit und Gegenstand aneinandergelegt in Anfang und Ende übereinstimmen, wobei noch definiert werden müßte, wie im vorliegenden Fall Übereinstimmung festgestellt wird und daß eine Strecke durch das geradlinige Aneinanderfügen der Einheit gemessen wird. Die drei Schritte bei der operationalen Definition werden von *R. Carnap* (1973, S. 59ff.) „Regel der Einheit, Regel der Gleichheit und Regel der Additivität" genannt.

Es wird vorausgesetzt, daß wir wirklich wissen, was eine gerade Linie ist und wie diese operational zu verwirklichen ist. Da sich eine gerade Linie als kürzeste Verbindung zwischen zwei Punkten zwar denken läßt, ihrer Verwirklichung durch die Technik aber Grenzen gesetzt sind, müssen wir feststellen, daß auch ein durch Handlungsanweisungen definierter Begriff letzten Endes noch Idealisierungen, Extrapolationen auf einen Idealzustand enthält. Das gilt nicht nur für Längenmessungen. *Euklid*sche Geometrie und *Newton*sche Physik sind Idealisierungen des operational zugänglichen Bereichs. Trotzdem sind sie, gemessen an den Theorien der heutigen Physik, nur Annäherungen.

Messen führt sicher dann zu Problemen, wenn der Meßvorgang das zu messende System beeinflußt. Im atomaren Bereich kann nur noch der durch den Meßprozeß veränderte Sachverhalt beschrieben werden, nicht dagegen der ursprüngliche; Deduktion erschließt letzteren. Die Messung von gekrümmten Strecken erfordert neue Festlegungen, die von Strecken im astronomischen wie im mikroskopischen Bereich, in dem das Anlegen eines festen Maßstabes unmöglich ist, ebenso. Zusätzliche Regeln ordnen dann die Beziehungen zwischen den einzelnen Festlegungen. Alle Festlegungen und Regeln beruhen auf Konvention; sie sind jedoch nicht völlig willkürlich. Stets wird versucht die realen Gegebenheiten durch sie in größtmöglicher Einfachheit wiederzugeben.

Wie bei Meßgeräten mit Zeiger- oder Digitalanzeige zu sehen ist, laufen andere Meßprozesse auf Zählen oder Längenmessung hinaus. Die zu messenden Größen werden durch eine Länge oder Zahl repräsentiert, deren Bedeutung sich aus den operationalen Festlegungen ergibt.

Obwohl diese für jede Größe anders aussehen, gilt nach *R. Carnap* der Kanon der erwähnten Regeln für alle extensiven (additiven) Größen. Extensive Größen kann man in der Weise aneinanderfügen, daß die gemessene Endgröße gleich der arithmetischen Summe der Einzelgrößen ist. Neben Länge zählen zu ihnen beispielsweise noch Gewicht und Zeit. Voraussetzung zu deren Bestimmung ist die Einführung der Meßvorrichtungen Waage und Uhr. In den Meßvorrichtungen wird nicht nur der operationale Charakter der Begriffe sinnfällig, sondern auch die Leistung des Erkenntnisprozesses.

Für das Messen von Längen und Gewichten stehen sich unmittelbar anbietende Maßeinheiten zur Verfügung. Jeder Stock, jeder Stein kann zu einer solchen gemacht werden. Größen wie Zeit und Temperatur werden dagegen erst durch die Beobachtung von Veränderungen in der Umwelt zugänglich. Zeitmessung setzt die Kenntnis periodisch ablaufender Vorgänge voraus, das Messen von Temperatur die Kenntnis der Wirkung von Temperaturänderungen auf Länge und Volumen, die Beobachtung, daß Temperatur und Ausdehnung von Materie miteinander korreliert sind. Als Vergleichsmaßstab wird für letztere die Strecke der Ausdehnung eines Gegenstandes zwischen zwei leicht zu reproduzierenden Temperaturen gewählt, bei der *Celsius*- und *Reaumur*skala die Temperatur gefrierenden und siedenden Wassers. Wie auch Tonhöhe, Druck und Dichte zählt Temperatur zu den intensiven Größen, zu Größen, die der Menge nicht proportional sind. Ein Körper der Temperatur von 50° mit einem gleichen von 30° vereinigt ergibt ja keinesfalls einen Körper mit der Temperatur 80°. Temperaturmessung setzt voraus, daß der zur Definition des Temperaturmaßstabes verwendete Körper vergleichsweise nur verschwindend geringe Masse besitzen darf. Die für die Messung extensiver Größen aufgestellten Regeln sind dementsprechend erst nach zusätzlichen Überlegungen und Festsetzungen für die Messung intensiver Größen verwendbar.

Die Einführung neuer Begriffe in die Naturwissenschaften ist damit verbunden, daß versucht wird, diese operational zu definieren oder auf bereits operational definierte zurückzuführen. Zusammengesetzte Größen wie Fläche, Volumen, Energie oder Druck und Dichte sind auf letztere Weise definiert.

Man sollte über den physikalischen Größen, die selbstverständlich zu den Grundlagen der Biologie gehören, aber nicht vergessen, daß auch andere naturwissenschaftliche Begriffe wie Trockengewicht, Asche, Trübung durch die Angabe von Handlungsanweisungen definiert sind.

Der Nachweis, ob ein Begriff operational definiert werden kann, ist jedoch nicht immer leicht zu erbringen. *H. Sachsse* führt an, daß *Demokrits* Atombegriff erst nach 2500 Jahren durch den Nachweis eines Verfahrens zu seiner Konstituierung operational definiert werden konnte und daß der absolute Raum *Newtons* und der Determinismus der klassischen Physik, Begriffe, die empirisch bestens gesichert erschienen, operational nicht definierbar waren. Die Beispiele weisen noch einmal eindrücklich darauf hin, daß auch Größen und Meßprozesse auf experimentell zu belegenden Hypothesen aufgebaut sind. Der Nachweis eines operational nicht definierbaren Begriffs führt in der Regel zur Bildung von Begriffen, die den zugrundeliegenden Beobachtungen besser angepaßt sind.

Da sich die Bildung von Hypothesen in der Spannungszone steter wechselseitiger Unausgewogenheit zwischen sprachlicher Bewältigung der Natur und den Möglichkeiten der Realisation von Deduktionen vollzieht, überwiegen in Hypothesen zeitweilig die experimentell nicht realisierbaren bzw. die experimentell realisierbaren Anteile. Probleme die sich daraus für die Physik ergeben, werden von *P. Mittelstaedt* diskutiert (1972, S. 33 ff.).

Wie und wann sich die ersten, oft gar nicht mehr als solche bewußte, Hypothesen gebildet haben, läßt sich kaum noch zurückverfolgen. Es ist kaum mehr zu unterscheiden, welche Beobachtung spontan und welche auf Grund von Deduktion zustande kam. Schon ein Sachverhalt ist eine Verallgemeinerung von Tatsachen.

Die heute in der Wissenschaft behandelten Sachverhalte sind das Ergebnis des vielmals und vielfach durchlaufenen Erkenntnisprozesses mit Beobachtung, Benennung, Definition, Deskription, Induktion, Deduktion und Vergleich mit neuen Beobachtungen. Ohne diesen Prozeß wären viele Sachverhalte gar nicht beobachtbar. Unsere Hypothesen sind über die Sachverhalte miteinander verknüpft. Sachverhalte sind Ausgangspunkt des Erkenntnisprozesses, Endpunkt und erneut Ausgangspunkt für neue Verknüpfungen. Dieser komplexe, an ein Netz erinnernde Aufbau der Erkenntnis hat seine Entsprechung in der erforschbaren Umwelt. Ein Sachverhalt wird durch eine Reihe von anderen Sachverhalten bedingt.

Beobachtung und Experiment laufen deshalb darauf hinaus aufzudecken, in welcher Beziehung Sachverhalte zueinander stehen.

Man sagt auch, man führe eine Faktorenanalyse durch, wobei unter Faktoren bedingende Sachverhalte verstanden werden. Man fragt, welchen Einfluß die Änderung eines Faktors auf einen meist durch zahlreiche andere Faktoren mitbedingten Sachverhalt ausübt. In den meisten Fällen wird die Änderung graduell erfolgen und selten nach der Methode des Alles oder Nichts möglich sein. Die gleichzeitige Änderung mehrerer Faktoren, wie sie in der Natur häufig auftritt, ist schwierig und – wenn überhaupt – nur noch mit mathematischen Hilfsmitteln zu analysieren. Deshalb werden Experimente so ausgelegt, daß nur ein Faktor veränderlich ist. Wissenschaften wie Ökologie und Soziologie stehen wegen der Komplexizität der von ihnen aufgegriffenen Sachverhalte hier vor einem Problem. Wenn man beim Studium des Geotropismus den Einfluß der Winkelbeschleunigung messen will, wird man diese Größe allein abändern und Faktoren wie Licht und Feuchtigkeit konstant halten, wenn man vermuten muß, daß diese ebenfalls einen Einfluß auf die Wachstumsrichtung haben. Diese Faktoren ändert man, wenn man an Aufschlüssen über Phototropismus oder Hydrotropismus interessiert ist. In einer weiteren Hypothese werden die einzelnen Ergebnisse dann verknüpft.

Dem Vorgehen bei einer Faktorenanalyse entsprechend werden die Versuchsergebnisse häufig unter dem Titel „The effect of X on Y" veröffentlicht. Die Ergebnisse sind am heutigen Erkenntnisstand gemessen aber mehr oder weniger nichtssagend, solange die Wirkung von X auf einen Zustand Y untersucht wird, der durch eine Vielzahl von noch unbekannten, möglicherweise nicht konstant zu haltenden Faktoren bestimmt wird. Die Gefahr ist besonders gegeben, wenn der Faktor X dazu willkürlich eingeführt wird, unspezifisch unbekannt viele Sachverhalte beeinflußt und nicht ursprünglich dem untersuchten Zustand angehört. Ein grobes derartiges Experiment wäre, den Einfluß von Salzsäure auf das Wachstum von Pflanzen zu untersuchen. Für die Praxis mögen derartige Versuche, die mit 100000en von anderen Chemikalien wiederholt werden können, einen gewissen Wert besitzen, und manche erste Erfahrung der Wissenschaft mag ähnlich ausgesehen haben. Oft genug wird auch heute noch bei Planung und Ausführung eines Experiments im Labor nur gefragt: „Was geschieht, wenn . . .?" Nicht klar formulierte oder formulierbare Hypothesen sind der Grund für diese Art der Fragestellung. Für wache Experimentatoren mag das Ergebnis der Ansatzpunkt für eine Hypothese sein, für andere schon Demonstration und Nachweis ihrer Forschertätigkeit. Nur im Hinblick auf neue Deduktionen und Experimente erhält dieses Vorgehen aber seine nachträgliche Rechtfertigung. Der wissenschaftliche Fortschritt ist mit dem Zugang zu neuen Ebenen von Sachverhalten verknüpft (vgl. Abb. 2). Der Schlüssel zu „dem, was die Welt im Innersten zusammenhält", sind die molekularen Mechanismen. Was liegt näher, als die Wirkung einer Faktorenänderung möglichst bis auf die molekulare Ebene zurückzuverfolgen.

Mit dem Bemühen der Naturwissenschaft um eine eindeutige Definition ihrer Begriffe hat sich die Sprache in den Zyklen des Erkenntnisprozesses oft weit von der Alltagssprache entfernt, mit der die Sachverhalte zu Beginn des Erkenntnisprozesses beschrieben wurden. Spätestens beim Einlesen in ein Lehrbuch oder noch bei der Abfassung seiner ersten wissenschaftlichen Arbeit wird dem Anfänger in einer Wissenschaft deutlich vor Augen geführt, daß die Begriffe und deren Symbole in der Alltagssprache für die Erfassung und Darstellung wissenschaftlicher Sachverhalte häufig nicht mehr ausreichen. Wie für eine Fremdsprache werden Wörterbücher für die einzelnen Wissenschaften, Fachwörterbücher, nötig. Die mit den Begriffen der Fachsprache wiedergegebenen Einsichten in zunächst einfach erscheinende Sachverhalte müssen mit oft erheblichem Aufwand an Worten der Alltagssprache charakterisiert und in diese übersetzt werden. Trotzdem läßt sich mit Alltagssprache erstaunlich viel in der Wissenschaft sagen (vgl. S. 22). Zwischen Alltagssprache und Fachsprache vermitteln einführende und allgemein verständliche wissenschaftliche Darstellungen der Lehrbücher und audiovisuellen Medien, die Bedeutung und Anwendung der Fachsprache in einer gehobenen, durch erste Präzisierung gewonnenen Alltagssprache erläutern. Alltagssprache übernimmt Begriffe aus der Fachsprache, wenn ein Wissensgebiet Einfluß auf den Alltag gewinnt. Den höchsten Grad an Präzisierung erreicht die Fachsprache als theoretische Sprache mit Diagrammen, Formeln, Schemata und den wieder an Anschaulichkeit gewinnenden Modellen. Stets wird Alltagssprache aber benötigt, um die Beziehungen zwischen den einzelnen Sprachebenen herzustellen.

Darstellungen wie Schemata und dergleichen sind Übertragungen von Sachverhalten, Hypothesen und Theorien in die Dimension der Schrift. Leider läßt sich dieser Sachverhalt auch durch Wörter wie Repräsentation, Projektion oder Transformation nicht genauer wiedergeben. Wesentlich erscheint es aber festzustellen, daß nur die gleiche Dimension Sprache oder Schrift Sachverhalte vergleichbar macht. Das Muster der Begriffe, das wir kennen, muß im wesentlichen im neuen Sachverhalt wiedergefunden werden.

Zeichen, Diagramme, Formeln, Schemata und Modelle geben auf kleinstem Raum, gleichsam als Teil und „exosomatische" Fixpunkte des Bewußtseins, ein Maximum an Erkenntnis wieder, vorausgesetzt Zeichen wie auch ihre Anordnung werden als solche erkannt und Bedeutung und Bedeutungszusammenhang sind Teil unseres Wissens. Man spricht von der Syntax und der Semantik einer Sprache, ihrer absoluten Information und ihrer Bedeutung. Beispielsweise besteht die absolute Information des Schemas zur Struktur des Erkenntnisprozesses in Pfeilen und Schriftkästen, deren Bedeutung aus ähnlichen Darstellungen bekannt ist oder durch die Erläuterungen des Textes bekannt wird. Die absolute Information ist ein Maß für die Ordnung der Zeichen, ein Maß für die Abweichung von ihrer Zufallsverteilung, ein Maß für Musterbildung.

Diagramme vermitteln einen schnellen Einblick in die Abhängigkeit eines Sachverhalts von einem anderen und entheben der Mühe, lange Tabellen mit einzelnen Protokollaussagen, die auch schon durch Zeichen vereinfacht dargestellt sein können, zu studieren. Punkte, die nicht gemessen wurden oder gemessen werden konnten, lassen sich rekonstruieren, deduzieren, und manche Kurve der Abhängigkeit läßt sich noch kürzer mit einer mathematischen Formel wiedergeben. Chemische Formeln ermöglichen eine Darstellung von Moleküleigenschaften und von Beziehungen der Moleküle untereinander. Sie zählen schon zu den Modellen, die wie Schemata und in gewisser Weise alle Darstellungen konstruiert werden, um mit ihnen in Gedanken oder in der Praxis, nach Rückübertragung in die Gegenständlichkeit, zu experimentieren. Modelle enthalten gerade soviele Teile, daß interessierende Sachverhalte der Natur nachgeahmt, simuliert und analysiert, einer Faktorenanalyse unterworfen werden können. Für unwesentlich gehaltene Teile entfallen. Modelle sind gestaltete Theorien. Die Repräsentation der Natur reicht von der maßstabgerechten Kopie anatomischer Modelle über Vergrößerungen und Verkleinerungen mit vereinfachten Strukturen bis hin zur bloßen Simulation ohne strukturelle Entsprechung im mathematisch-kybernetischen Modell. Vorstellungen, die an Modellen entwickelt wurden, sind in allen Lehrbüchern zu finden. Man erinnere sich an astronomische Modelle, Molekülbaukästen und Roboter oder auch nur an die bekannte *Pfeffer*sche Zelle und Chloroformamöben. Empfindlichkeit und Methode der Beobachtung, der methodische Raster und die Übertragung der Sachverhalte in die Dimension der Schrift bringen zwangsläufig eine mehr oder weniger starke Vergröberung der Sachverhalte bei der Wiedergabe mit sich. Aus diesem Grunde sind Formeln und Modelle zwar Muster aber keine Spiegelbilder oder in allen Einzelheiten Abbilder von Sachverhalten.

Unser Erkenntnissystem, durch Anpassung an die Umwelt, „pattern matching" (*D. T. Campbell*, s. *K. Lorenz* 1973b) entstanden, ist nur in der Lage, derartige Bilder der Wirklichkeit zu entwerfen. Sie können abhängig vom Fortschreiten der Methodik und Technik fast beliebig mit weiteren Details angereichert werden. Versuche spekulativ eine andere Wirklichkeit zu begründen, sind für die naturwissenschaftliche Erkenntnis bedeutungslos.

5. Die Sicherheit naturwissenschaftlicher Theorien

Hypothese und Theorie · Beweise und Belege · Gesetze, Regeln und Prinzipien · Prinzipien der Biologie · konkurrierende Theorien · Hypothesenhierarchien · Ungleichgewicht zwischen Verifizierung und Falsifizierung · Grad der Bestätigung · Primat der Beobachtung

Treffen Voraussagen einer Hypothese zu, stimmen abgeleitete Daten und experimentelle Daten überein, so sprechen wir von einer Theorie. Die Hypothese geht in eine Theorie gleichen Wortlauts über. Letztere ist demnach nichts anderes als eine durch Experimente oder zusätzliche Beobachtung gestützte Hypothese. Im allgemeinen Sprachgebrauch sind die Grenzen zwischen Hypothese und Theorie zwangsläufig fließend, da es kein Kriterium dafür gibt, die wievielte Bestätigung der Vorhersagen zu einer Theorie ausreicht. Das ist bei Hypothesen bzw. Theorien, die auf Grund von Verallgemeinerungen entstehen, besonders deutlich.

Auch wenn alle Vorhersagen eintreffen, kann selbst eine Theorie nicht als bewiesen angesehen werden. Ein Beweis würde die Prüfung aller möglichen Fälle voraussetzen, was theoretisch und praktisch ganz unmöglich ist. Man erinnere sich auch daran, daß Irrtümer in den Erkenntnisprozeß einfließen können. Sachverhalte können ungenügend beobachtet und sprachlich mangelhaft repräsentiert sein, Fehler, die erst durch weitere Deduktionen und Experimente offenkundig und ausgemerzt werden. Die zu einem solchen Prozeß benötigte Zeit nimmt mit der Komplexität der untersuchten Sachverhalte zu. Hinzu kommen Idealisierungen im Meßprozeß und die Möglichkeit, daß Begriffe operational nicht definierbar sind. Beweise kann nur die Mathematik in ihrem System liefern, das auf Axiome gegründet, rein deduktiv aufgebaut ist. (Die Axiome selbst sind nicht bewiesen und nicht beweisbar.)

Man sollte deshalb in den kognitiven Wissenschaften nicht von Beweisen für eine Theorie sprechen, sondern besser von Belegen.

Besser bestellt ist es mit der Beweisbarkeit nicht-erklärender Hypothesen. Die auf Auswertung des Krankheitsbildes gestützte Vermutung, *Mozart* (1756–1791) sei an Quecksilbervergiftung gestorben, wäre mit dem Auffinden seiner Gebeine und dem Nachweis des Metalls bewiesen, die Behauptung Vögel und Reptilien seien durch Zwischenstufen miteinander verbunden, war es mit dem Auffinden des *Archaeopteryx*, der Merkmale beider Klassen in sich vereinigte. Da eine Tatsache behauptet wurde, die nicht oder nicht unmittelbar Einzelfall eines aus vielen Einzelfällen zusammengesetzten Sachverhalts ist, ergibt sich der Beweis mit der Identität von Protokollaussagen und Behauptung.

Eine unzählige Male belegte Theorie wird wohl auch Gesetz genannt, insbesondere dann, wenn sie sich in einer mathematischen

Formel, also quantitativ, ausdrücken läßt: Fallgesetz, *Boyle-Mariott*sches Gesetz (*R. Boyle* 1627–1691, *E. Mariott* 1620–1684) zum Beispiel. In der Biologie verwendet man bisweilen auch den Begriff „Regel", der der prinzipiellen Unbeweisbarkeit einer Theorie mehr entspricht: *Haeckel*sche Rekapitulationsregel (*E. Haeckel* 1834–1919), von ihm selbst aber „Biogenetisches Grundgesetz" genannt; *Mendel*sche Regeln (die aber auch als Gesetze bezeichnet werden) (*J. G. Mendel* 1822–1884).

Prinzipien sind sehr allgemeine Gesetzmäßigkeiten. Der Beleg ihrer Ungültigkeit würde schon die Fundamente einer Wissenschaft in Frage stellen. Prinzipien sind Kriterien für die einer Wissenschaft zugehörenden und von ihr zu erforschenden Sachverhalte.

In der Physik könnte beispielsweise der Sachverhalt, daß Körper sich anziehen, als Prinzip bezeichnet werden. Wenn man von Prinzipien in der Biologie spricht, meint man so allgemeine, bei allen Lebewesen zu beobachtende Sachverhalte wie Formwechsel, Stoff- und Energiewechsel und Reizerscheinungen (bei *M. Hartmann* 1965 S. 6ff. werden diese Sachverhalte dazu verwendet, Leben zu charakterisieren). Je weiter die Erkenntnis fortschreitet, desto genauer lassen sich Prinzipien bezeichnen. Die von *H. Mohr* (1970) aufgezählten Prinzipien der Entwicklung, der Struktur und der Vererbung lassen sich dem Formwechsel unterordnen, die Prinzipien der enzymatischen Katalyse und des Fließgleichgewichts dem Stoff- und Energiewechsel und schließlich das Prinzip der Regulation mit den Reizerscheinungen vereinigen.

Das Prinzip des Formwechsels besagt, daß allen Lebewesen eine nur ihnen eigene Struktur zukommt, die im Laufe der Phylogenie und in jedem Augenblick der Ontogenie Veränderungen unterworfen ist, ohne daß jedoch distinkte feinstrukturelle Merkmale je aufgegeben werden. Formwechsel erfordert Stoff- und Energiewechsel. Ohne Zufuhr von Energie durch Photosynthese oder Nahrung stirbt ein Lebewesen, die Strukturen zerfallen. Eine durch die Struktur vorgegebene Anzahl und Menge von Enzymen regelt den ständigen Energiefluß durch das Lebewesen. Das Prinzip der Regulation ist beim Formwechsel wie beim Stoff- und Energiewechsel wirksam. Es ordnet die Beziehungen zwischen

Struktur und Stoffwechsel und bewirkt, daß diese Ordnung auch gegen äußere Einflüsse, innerhalb organisationseigener Grenzen aufrechterhalten werden kann.

Prinzipien in der Biologie sind summierte Einzelgesetze. Formwechsel, Stoff- und Energiewechsel und Regulation ließen sich zum Prinzip Leben summieren. Man muß sich klar darüber sein, daß diesen Prinzipien metaphysische Spekulationen fremd sind und daß wir sie nur formulieren, weil wir zum Teil die Einzelgesetze nicht kennen, die gesetzmäßigen Beziehungen nicht adäquat beschreiben können und sie als sprachliche Abkürzung einer Summe von Sachverhalten benötigen. Aber je weiter wir Prinzipien aufschlüsseln, desto deutlicher werden in ihnen die physikalisch-chemischen Gesetzmäßigkeiten.

Der Unterschied zwischen Belegen und Beweisen wird nochmals beim Auftreten konkurrierender Theorien, verschiedener Theorien zum selben Sachverhalt, deutlich. Für jede Theorie sind Belege vorhanden, oft dieselben. Eine Entscheidung, welche der Theorien richtig oder falsch ist – die Erörterung, ob sie im metaphysischen Sinne auch wahr sei, liegt außerhalb des Anspruchs der Naturwissenschaft –, läßt sich nicht herbeiführen. Beweise schlössen eine Alternative sofort aus. Die Unmöglichkeit objektiv zu entscheiden ist sowohl im Erkenntnisprozeß als auch in der Technik des Experimentierens begründet. Einerseits mögen aus den vorliegenden Theorien keine Daten ableitbar sein, die zu einem zwischen den Theorien entscheidenden Experiment hinführen, da sie jeweils die eine oder die andere Theorie oder aber jede stützen, andererseits mögen die abgeleiteten Daten wegen unzureichender experimenteller Technik nicht überprüfbar sein, wie bei Problemen der Astrophysik und Psychologie. Zwar schwächt jeder Beleg für eine Theorie eine andere, aber solange keine eindeutig widerlegt ist, kann jede Theorie zur Erklärung eines Sachverhaltes dienen. Keinesfalls aber kann die subjektiv bevorzugte als die richtige ausgegeben werden!

Zur Widerlegung genügt ein einziges mit der Theorie unvereinbares Experiment (um Mißverständnisse auszuschalten, mit Experimentierfehlern ausschließenden Wiederholungen), sagen Erkenntnistheoretiker. Bei dieser Aussage fehlt aber die Bedingung, daß zuerst alle Experimente mit den abgeleiteten Daten einer anderen Theorie vereinbar sein müssen. Wie schwer es aber ist, dieses Experiment und diese Theorie zu finden, verdeutlichen lange nebeneinander bestehende Theorien wie Welle-Teilchen-Dualismus oder *Lamarck*sche und *Darwin*sche Evolutionstheorie. Gänzlich unentschieden ist es, ob alles Geschehen determiniert ist oder ob in manchen Bereichen indeterminierte Ereignisse anzunehmen sind (s. S. 71 f.), und über die Entstehung des Weltalls läßt sich diskutieren aber keine Entscheidung herbeiführen. Die von *Lamarck* geschaffene Theorie wurde endgültig erst durch die Befunde zu Fall gebracht, daß Erbinformation gequantelt, in kleinste Einheiten, die Gene zerlegbar ist und daß diese es sind, die Veränderungen unterliegen (s. S. 72). Bis zu diesem Zeitpunkt standen sich beide Theorien als konkurrierende Theorien gegenüber; die Naturwissenschaft hatte keine hinreichenden Kriterien für eine objektive Entscheidung. Desto mehr gediehen weltanschauliche Spekulationen und überwucherten die Lücken objektiver Erkenntnis. Konkurrierende Theorien können überleben, wenn es sich herausstellt, daß sie nur Teilaspekte einer übergeordneten Theorie sind, z.B. Teil der unter Prinzipien summierten Gesetzmäßigkeiten. Heute wissen wir, daß Wasserstoffübertragung und Sauerstoffaktivierung notwendige Teile der Zellatmung sind. Zur Zeit *Warburg*s und *Wieland*s (*O. Warburg* 1883–1970, *H. Wieland* 1877–1957) wurde jedoch erbittert für die eine oder andere Theorie gefochten. Aus zunächst konkurrierenden Theorien sind Teile einer Theorienhierarchie geworden, Untereinheiten der Zellatmung, die selbst wiederum Teil des Prinzips Stoff- und Energiewechsel ist. Entsprechend wurde die Quantenmechanik, die Unschärferelation der Überbau für Wellen- und Korpuskulartheorie der Materie.

In einer Hypothesenhierarchie (Theorienhierarchie) vereinigte Theorien müssen nicht notwendigerweise konkurrierend gewesen sein. Unter dem Prinzip Stoff- und Energiewechsel sind Theorien vereinigt, die nie konkurrierend waren, wie unter dem allgemeinen Gas-Gesetz das *Boyle-Mariott*sche und das *Gay-Lussac*sche Gesetz (*J. Gay-Lussac* 1778–1850). Wieviele Theorien am Aufbau der Theorie von Phylogenese und Ontogenese beteiligt sind, läßt sich kaum schätzen (s. S. 86f.).

Bei der Widerlegung einer Theorie ist die Beweissituation ungleich günstiger als bei Nachweisen für ihre Richtigkeit. Jeder mit einer Theorie nicht übereinstimmende Sachverhalt sagt uns, daß diese in der vorliegenden Form nicht richtig sein kann, wogegen Tausende von Belegen die Möglichkeit ihrer Unrichtigkeit nicht ausschließen. Wie Theoretiker annehmen (vgl. *H. Seiffert* 1974), wird das offensichtliche Ungleichgewicht zwischen Verifizierung und Falsifizierung von verallgemeinernden Theorien, Allsätzen wie „Alle grünen Pflanzen fixieren Kohlendioxid am C_5-Körper Ribulose-1,5-diphosphat“ aber dadurch aufgewogen, daß neben diese Existenzsätze treten wie „Es gibt mindestens eine grüne Pflanze, die dies

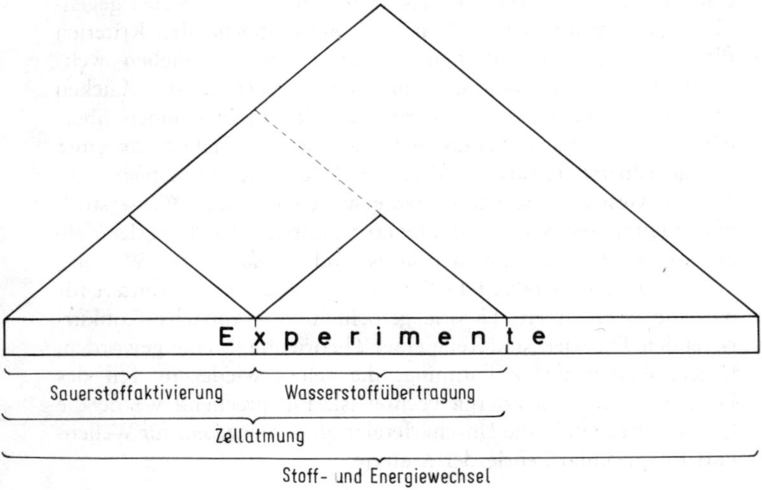

Abb. 3a. Beispiel für den Übergang von zunächst konkurrierenden Theorien zu einer Theorienhierarchie.

Die von zwei konkurrierenden Gruppen auf Grund ihrer jeweiligen Methoden als allein wesentlich aufgestellten Theorien werden als notwendige Teile der Theorie der Zellatmung erkannt. Diese selbst ist wiederum Teil des Prinzips Stoff- und Energiewechsel.

nicht tut". Existenzsätze können im Gegensatz zu Allsätzen nicht widerlegt werden, sind aber bewiesen, wenn der behauptete Sachverhalt ein einziges Mal aufgefunden wird. Unter formalen Gesichtspunkten gesehen werden so zwei Ungleichgewichte gegeneinander aufgewogen.

Da Naturwissenschaft aber nach Gesetzmäßigkeiten und nicht nach Ausnahmen sucht und dies aus Gründen der Zeit und der technischen Mittel nicht tun kann, führen derartige Existenzsatz-Hypothesen in der Erkenntnis nicht weiter. Überdies bleibt das Ungleichgewicht erhalten, da vor der Bildung eines Existenzsatzes die Gesetzmäßigkeit bekannt sein muß und der Existenzsatz von

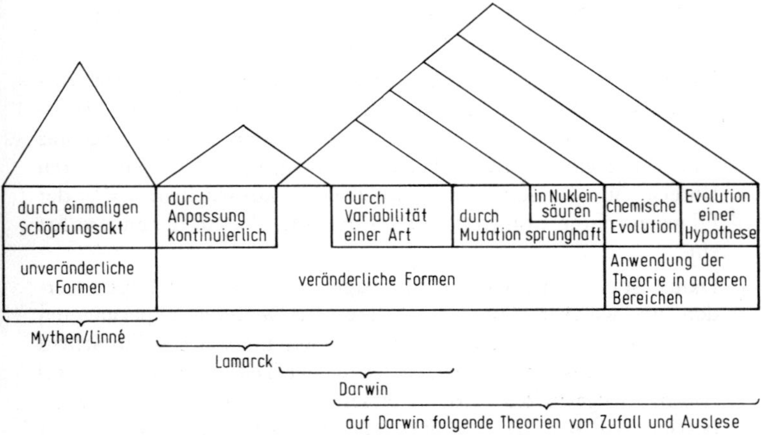

Abb. 3b. Beispiel für konkurrierende Theorien und die wissenschaftliche Durchsetzung einer Theorie auf Grund experimenteller Daten.

Die Evolutionstheorien treten in Konkurrenz zu der Jahrtausende alten Vorstellung von der Unveränderlichkeit der Arten. Die Veränderung wird wesentlicher Bestandteil der Theorien. In der Auffassung kontinuierlicher oder sprunghafter Veränderung unterscheiden sich *Lamarck* und die auf *Darwin* folgenden Theorien. Als eine Erklärung für Variabilität gefunden wird, setzt sich die erweiterte *Darwin*sche Theorie endgültig durch. Heute wird die Theorie von zufälliger Veränderung und nachfolgender Selektion auch auf andere Bereiche angewendet.

der Struktur und vom Zustandekommen des Allsatzes abhängig ist.

Pharma- und Pflanzenschutzindustrie muß man von dieser Aussage wohl noch ausnehmen. Sie sind gezwungen, mehr als 10000 Verbindungen zu testen, ehe eine verwertbare gefunden ist. Sie arbeiten mit der Hypothese: „Es gibt mindestens eine Chemikalie, die die gewünschten Eigenschaften hat."

Ohne Suchen nach dem Zufallstreffer stellen sich Ausnahmen beim wachen Experimentieren, wenn man sich der Möglichkeit einer Ausnahme nicht verschließt, immer wieder ein. Vielleicht liegt darin die größte Bewährung des Forschers, Unvorhergesehenes zu sehen und in die Hypothesenbildung miteinzubeziehen. Ausnahmen können dann auf neue und alternative Sachverhalte hinweisen.

Ein Beispiel eines zuerst als Ausnahme gefundenen Stoffwechselweges ist die primäre Fixierung des Kohlendioxids für die Photosynthese an einem C_3- anstatt an einem C_5-Körper. Das Ergebnis läßt sich in einem Teils-Teils-Satz niederlegen, nach eingehenderen Untersuchungen sogar in Prozentzahlen ausdrücken: „x% der Pflanzen führen Kohlendioxid auf die eine, y% auf die andere Art ein".

Damit ist ein neuer Sachverhalt festgestellt. Es kann gefolgert werden, mit welcher Wahrscheinlichkeit bei weiteren Experimenten dieselben Verhältnisse angetroffen werden. Ein weiterer Fortschritt der Erkenntnis ergibt sich erst, wenn der Teils-Teils-Satz in zwei Allsätze aufgespalten wird, die diesen Sachverhalt erklären. „Unter bestimmten Bedingungen fixieren Pflanzen Kohlendioxid über Phosphoenolpyruvatcarboxylase, unter davon unterscheidbaren Bedingungen über Ribulose-1,5-bisphosphatcarboxylase."

Nur Allsätze machen wieder Deduktionen möglich, die es erlauben, die Gültigkeit dieser Theorien auszuweiten oder einzuschränken.

Der Grad der Bestätigung einer Theorie wächst mit der Widerlegung oder Integration von konkurrierenden Theorien, mit der Anzahl der offenkundigen, aus verschiedenen Forschungsgebieten stammenden Belege und mit der Überschaubarkeit der einen Sachverhalt bedingenden Faktoren.

Sicherlich ist aber auch ein psychologisches, irrationales Moment im Spiel, wenn wir uns bedingungsloser auf Theorien der klassischen Mechanik verlassen als auf komplizierte Systeme erklärende Theorien der Biologie, die Summen von Gesetzmäßigkeiten sind. Niemand wird daran zweifeln, daß ein hochgeworfener Stein zur Erde zurückfällt; die gesetzmäßigen Zusammenhänge zwischen Wachstum einer Population und Lebensraum werden aber ständig ignoriert. Die „Steinwürfe" im Bereich der Biologie treffen erst nachfolgende Generationen. Aber schon allein das Verhalten von Autofahrern, zu dichtes Auffahren, Nichtanlegen der Sicherheitsgurte zeigt, daß auch komplexere physikalische Gesetzmäßigkeiten subjektiv als nicht zwingend, als beherrschbar angesehen werden.

Ein mit den frühen Erfolgen der in der Technik realisierten Naturwissenschaft gewachsener, unbeirrbarer Glaube an den unaufhaltsamen Fortschritt der Menschheit durch unbegrenzte Manipulierbarkeit der Natur verstellt den Blick darauf, daß der Prozeß der Anpassung des Menschen an die manipulierte Umwelt eines Tages versagen wird. Ein beschleunigendes Moment ist der ökonomische Zwang zu immer mehr Wachstum, der Umdenken auf den Tag des endgültigen Kollapses verschiebt. Realisierte Theorien drohen, die Umwelt in einer Weise zu verändern, die in kürzer werdenden Zeitabschnitten die in Jahrmillionen gewordenen Grundlagen dieser Anpassung zerstört. Umweltbedingungen, wenn nicht lebensfeindlich, so doch erkenntnisleer können wieder entstehen. Die Richtung der Evolution muß nicht die von uns vorgesehene sein.

Die Erfahrungen, die zur Bildung einer Hypothese führten, bleiben auch im Rahmen der Theorie beschreibbar. Das Schema zur Struktur des Erkenntnisprozesses (Abb. 2) macht die Verknüpfung deutlich. Zwar gehen die Betrachtungen davon aus, daß der Erkenntnisprozeß bei der Wahrnehmung beginnt, doch das Schema läßt völlig offen, ob nicht die Hypothese oder die Theorie der Ausgangspunkt des Erkenntnisprozesses ist, ob nicht schon die erste Beobachtung dazu unternommen wurde, eine Theorie oder eine Hypothese zu bestätigen oder zu widerlegen. *K. Popper* (1973, S. 286) fordert in seiner Vorlesung die Studenten auf, hier und jetzt zu beobachten, mit der Gewißheit die Frage, Gegenstand und Methode betreffend, zu provozieren: „Was sollen wir beobachten?“ Es ist offensichtlich, daß vor dem Beobachten schon eine Theorie, unter welchem Aspekt etwas beobachtet werden soll, vorhanden sein muß: Eine Frucht unter dem Aspekt Hunger zu stillen, ein Fuß unter dem Länge zu messen. Erkenntnis ist ja auch definiert als „etwas als etwas erkennen“ (Phil. Wörterbuch, 1969, S. 145). Es scheint, als sei ein Gegenstand oder ein Sachverhalt ohne Theorie gar nicht als solcher zu erkennen, als Eßbares oder als Maßstab, und sicher existieren derartige Hypothesen und Theorien für alle bekannten Sachverhalte und Gegenstände durch Traditionsanreicherung, und sicher werden sie auf noch unbekannte Sachverhalte übertragen. Die Frage ist aber, wo die Theorien ursprünglich herkommen, aus der Beobachtung oder aus angeborenem Wissen. Die Antwort kann nach den Ergebnissen der Evolutions- und Verhaltensforschung nur heißen: Aus der Beobachtung! Nur eine gewisse Erwartungshaltung, die auf die Befriedigung elementarster Bedürfnisse hinlenkt, ist angeboren; diese ist aber weder Wissen noch Theorie im Sinne einer Erkenntnis. Die ersten Wahrnehmungen und Beobachtungen werden zwar im Umkreis der Erwartungshaltung angesiedelt sein, doch vor jeder Erfahrung vorhanden ist nicht die Theorie, sondern nur die Struktur unseres Weltbildapparates, in dem auch die Erwartungshaltung verankert ist, „damit Erfahrung möglich werde“ (s. *K. Lorenz,* 1973b, S. 20).

6. Kausalität und Indeterminiertheit

Kausalitätsprinzip · Wechselwirkung und Kausalität · Randbedingungen und Statistik · physikalische Indeterminiertheit · Indeterminiertheit und freier Wille · Simulation des freien Willens

Von den genannten Prinzipien unterscheidet sich das Prinzip der Kausalität sehr deutlich. Es ist nicht Summe von, sondern Voraussetzung für Gesetzmäßigkeiten. Es ist die fundamentalste Gesetzmäßigkeit aller Naturwissenschaften. Es besagt (nach *I. Kant* 1724–1804): „Jede Veränderung setzt eine Ursache voraus, auf die sie nach einer Regel erfolgt.“ Daraus läßt sich ableiten, daß die gleiche Ursache immer die gleiche Änderung eines Sachverhalts nach sich zieht oder daß unterschiedliche Veränderungen eines Sachverhalts nur auf unterschiedliche Ursachen zurückgehen können, daß wir aus der Ursache das Ergebnis und aus dem Ergebnis die Ursache voraussagen können. Wenn die Wurzel einer Pflanze stets zum Erdmittelpunkt hin wächst, sagen wir die Erdanziehung sei die Ursache für dieses Verhalten. Sobald wir uns aber daran erinnern, daß es neben dem positiven Geotropismus der Wurzel auch den negativen des Sprosses gibt, wird deutlich, welche Rolle die Regel in der Ursache-Wirkungsbeziehung spielt. Da die zu beobachtenden Sachverhalte (Veränderungen) nicht durch einen Sachverhalt bedingt werden, sondern durch viele Sachverhalte, wird die Regel durch die um den Sachverhalt Ursache verringerte Summe der Wechselwirkungen dieser Sachverhalte bedingt (*Kant*s Satz behält seine Gültigkeit, auch wenn wir hier Regel als empirisch erforschbar ansehen). Eine Faktorenanalyse brächte das Ergebnis, daß die Summe der Wechselwirkungen der Sachverhalte bei negativem und positivem Geotropismus unterschiedlich sei. Jeder bedingende Sachverhalt ist Ursache. In der Namensgebung Geotropismus kommt nur das unmittelbar Wahrnehmbare zum Ausdruck, vielleicht auch, daß physikalische Ursachen als die ursprünglicheren, universelleren angesehen werden.

Wir müssen die Folgerungen aus dem Kausalitätsprinzip präzisieren: Erst wenn wir Ursache und bedingende Sachverhalte mit deren Wechselbeziehungen untereinander kennen, können wir das Ergebnis vorhersagen oder aus Ergebnis und bedingenden Sachverhalten die Ursachen erschließen. Diese Aussage wird in der Praxis durch die Möglichkeiten Daten zu speichern und miteinander in Beziehung zu setzen begrenzt.

Gerade in der Biologie sind viele Sachverhalte von einer überaus großen Anzahl von Faktoren bestimmt, deren Wirken, ja Vorhandensein oft unerkannt bleibt. Entsprechendes gilt für die Festkörperphysik. Ist der Einfluß dieser Faktoren, bedingt durch noch unbekannte Ursachen, zudem diskontinuierlich, von Objekt zu Objekt und von Individuum zu Individuum verschieden, so werden bei der Änderung eines der bekannten Faktoren als experimentell erzeugter Ursache die Ergebnisse zumindest im Hinblick auf die Größe der Veränderung unterschiedlich ausfallen. Zudem werden durch eine Ursache die unterschiedlichsten, miteinander verknüpften Kausalketten in Gang gesetzt. Am Bild eines unregelmäßigen Netzes lassen sich diese Zusammenhänge verdeutlichen. Die Knoten des Netzes repräsentieren Sachverhalte; deren Beziehungen untereinander sind durch die Maschen angedeutet. Eine sehr grobe Veranschaulichung dieses Sachverhalts wäre das Bild einer im Spinnennetz zappelnden Fliege. Jeder Faden des Netzes, jeder Fadenbefestigungspunkt würde direkt und indirekt durch die auf andere Fäden übertragenen Kräfte unterschiedlich beansprucht. Ein kleiner Ausschnitt aus einem solchen Netz, das man sich keinesfalls nur zweidimensional vorstellen kann, wären die Beziehungen zwischen Licht und Krümmung bzw. Wachstum einer Pflanze. Licht bewirkt über Zwischenstufen, die selbstverständlich wieder von anderen Kausal-

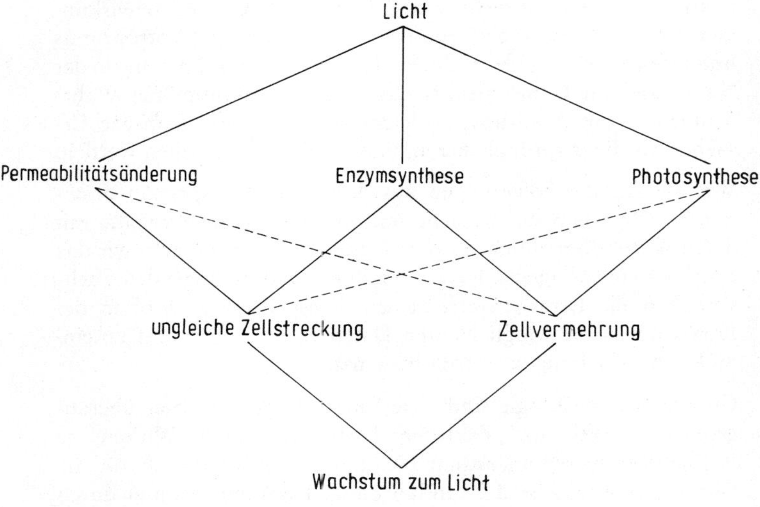

Abb. 4. Beispiel einer Ursachen-Wirkungs-Beziehung.

Nur wenige der durch Licht ausgelösten Veränderungen, die zusammen zu einer phototropischen Krümmung führen, sind aufgeführt. Neben bekannten Zwischenstufen dieser beobachtbaren Lichtwirkungen entzieht sich eine Vielzahl noch der Analyse.

ketten beeinflußbar sind, Enzymsynthesen, Permeabilitätsänderungen und Photosynthese, Veränderungen, die eine andere Verteilung von Produkten und Energie zur Folge haben. Als unmittelbar sichtbare Veränderungen folgen daraus über unzählige weitere Veränderungen Zellvermehrung und asymetrische Zellstreckung und schließlich Krümmung und Wachstum der Pflanze zum Licht (Abb. 4).

Alle Sachverhalte, die Sachverhalte einer herausgegriffenen Kausalkette zusätzlich beeinflussen, können wir als Randbedingungen bezeichnen. Es besteht aber kein Zweifel, daß diese ebenfalls Gesetzen, kausalen Zusammenhängen gehorchen. Jederzeit können sie Gegenstand einer Faktorenanalyse werden; Randbedingungen sind sie nur aus der Sicht der im Augenblick interessierenden Gesetzmäßigkeit. Die individuellen Bedingungen eines Untersuchungsobjekts ergeben sich aus dem Zusammenwirken von Randbedingungen und Gesetzmäßigkeit, dementsprechend die einer Ursache folgenden individuellen Veränderungen.

Da Randbedingungen das einer Ursache folgende Ergebnis ganz beträchtlich in der einen oder anderen Richtung beeinflussen können, ist es häufig recht schwierig und mühsam, bei einer Änderung eines Faktors eine Gesetzmäßigkeit nachzuweisen. Es ist bekannt, welchen experimentellen Aufwand es erfordert, die Wirksamkeit eines Medikaments zu dokumentieren. Da die individuellen Gegebenheiten im Hinblick auf Konstitution, Krankheitsbild und Vorgeschichte eines jeden Patienten oder Versuchstieres unterschiedlich sind, Experimente aber reproduzierbar sein müssen, liegt es auf der Hand, daß ein Experiment bei der Wiederholung nur dann zum gleichen Resultat führt, wenn es mit mehr als einem Individuum durchgeführt wurde und die Anzahl der Individuen die Verteilung der individuellen Gegebenheiten in der Gesamtheit, einen repräsentativen Querschnitt wiedergibt. Je größer der untersuchte Querschnitt ist, desto genauer wird das Resultat der Wiederholung dem ersten Experiment entsprechen. Die Richtung eines Effektes wird sich mit kleinerem Aufwand ermitteln lassen als seine absolute Größe. Trotz der Untersuchung vieler Individuen ist die Sichtbarmachung einer Gesetzmäßigkeit unter dem Einfluß von Randbedingungen eine unsichere Sache.

Wie groß muß der Unterschied gegenüber der Kontrolle, dem Zustand ohne Änderung eines Faktors sein, um als signifikant zu gelten? Wieviele Versuche müssen ausgeführt werden, um das Risiko eines Irrtums auf einen bestimmten Prozentsatz zu beschränken? Bei der Beantwortung dieser und ähnlicher Fragen endet gewöhnlich unser natürliches Abstraktionsvermögen. Als „Stütze des unzulänglichen Denkens" stehen dann aber die Methoden der Statistik zur Verfügung, die eine Rationalisierung der Entscheidung erlauben.

Mit einer statistischen Analyse, der Angabe statistischer Wahrscheinlichkeit, sind aber Versuche nicht bewiesen. Statistik übernimmt nur die Rolle der Deduktion, hat aber keinen Einfluß auf den zuerst abgelaufenen Erkenntnisprozeß. Das gleiche gilt selbstverständlich für alle mathematischen Formulierungen. Die Wahrscheinlichkeit, daß Induktionsschlüsse richtig waren (logische Wahrscheinlichkeit), ist nicht in Prozenten anzugeben. Sie ist das Ergebnis des immer wieder durchlaufenen Erkenntnisprozesses. Auf statistische Gesetzmäßigkeiten müssen wir uns immer dann beschränken, wenn die einzelnen Komponenten eines Systems nicht hinreichend genau bekannt sind (vgl. *W. Heisenberg*, 1956, S. 26).

Bei allen Experimenten und Entscheidungen verlassen wir uns ganz selbstverständlich darauf, daß das Kausalitätsprinzip nirgendwo durchbrochen ist. Selbst der Zufall findet in Gesetzmäßigkeiten seine Erklärung. „Naturgesetze steuern den Zufall" ist der Untertitel eines unlängst erschienenen Buches zu den Grundlagen der Biologie (*M. Eigen* und *R. Winkler*, 1975). Was hätte es auch für einen Sinn zu experimentieren, eine Faktorenanalyse durchzuführen, wenn dieselbe Ursache zu jeweils anderen Ergebnissen führte und das gleiche Ergebnis jeweils durch unterschiedliche Ursachen hervorgerufen wäre. Ohne die Gewißheit, daß die Sachverhalte in der Natur durch Ursachen und Randbedingungen festgelegt, determiniert sind, bestünde unsere Erkenntnis – falls wir überhaupt überlebten – lediglich im Wissen einer prinzipiellen Nichtdeterminiertheit, einer sich ständig wiederholenden Nichtwiederholbarkeit. Trotzdem sollte man sich immer wieder vor Augen halten, daß auch das Kausalitätsprinzip nichts anderes als eine immer wieder belegte Hypothese ist, mit allen für eine solche charakteristischen Irrtumswahrscheinlichkeiten. Die Gültigkeit des Kausalitätsprinzips wird fraglich, sobald Randbedingungen bei einer Faktorenanalyse nicht mehr nachgestellt werden können. Trotz oder gerade wegen der Unverzichtbarkeit des Kausalitätsprinzips in der Erkenntnisfindung führt seine konsequente Zugrundelegung und Anwendung zu nicht beantworteten Fragen, zu den Grenzen objektiver Erkenntnis.

Physiker sind nicht in der Lage eine Ursache dafür anzugeben, weshalb ein Atom zu einem bestimmten Augenblick zerfällt, ein anderes desselben Isotops aber erst Wochen oder Jahre später. Ebensowenig wie der Zerfall ist die Richtung eines das Atom verlassenden Teilchens vorhersagbar. Quantensprünge sind nicht determiniert. Vorgänge im Bereich der Atome lassen sich nur statistisch beschreiben. Der Auffassung, daß die Ursache für das Verhalten der Atome nur deswegen nicht angegeben werden kann, weil die zur Ursache werdende bestimmte Konstellation der Randbedingungen ungenügend bekannt ist, steht die Auffassung gegenüber (s. *W. Heisenberg* 1969, S. 163f.), daß solche Ursachen nicht gefunden werden können (vgl. auch *P. Jordan*, 1941, S. 127). Dies läßt sich aus der mathematisch präzise formulierten Unschärferelation folgern. Der Gegensatz der Auffassungen löst sich, wenn man in der mathematischen Formulierung den Ausdruck der Grenzen des Experimentierens, der Wahrnehmung und überhaupt der Erkenntnis sieht. Sie ist der Verzicht auf Erklärung. Unser Erkenntnis- und Begriffssystem, in Anpassung an die makroskopische Realität entwickelt, ist nicht in der Lage, Sachverhalte im atomaren Bereich, wie sie im Entweder-Oder von Teilchen und Welle experimentell noch zugänglich sind, adäquat zu erfassen. Man darf nicht vergessen, welche Rolle einer mathematischen Formulierung in den kognitiven Wissenschaften zukommt: nämlich die der Deduktion, deren Sätze von der richtigen Wiedergabe der Realität abhängen (vgl. aber *P. Jordan*, 1941, S. 144*). „Insofern sich die Sätze der Mathematik auf die

* Das eingetretene Verschwimmen dieser Begrenzung, das Hereingreifen des Mikrophysikalischen in Zonen herein, die dem Subjektkern näherkommen, hat uns in keiner Weise einen Verzicht auf Klarheit auferlegt. So

Wirklichkeit beziehen, sind sie nicht sicher, und insofern sie sicher sind, beziehen sie sich nicht auf die Wirklichkeit“ (*A. Einstein,* 1974, S. 119). *H. Dinglers* Vorstellungen (1949, S. 70), daß das, was für ein Bild der Welt gehalten wird, nur ein anschauliches Schema ist, das mit der wirklichen Welt nicht das geringste zu tun hat, hat im mikrophysikalischen Bereich seine Berechtigung. Hinzu kommt, daß der Meßvorgang einen Sachverhalt im Bereich der Atome sosehr verändert, daß aus experimentellen Gründen keine Aussagen mehr über den ursprünglichen Zustand möglich sind (vgl. *W. Heisenberg,* 1956, S. 28). *H. Sachsse* schreibt (1967, S. 152): „Der theoretische Determinismus hat den praktischen Indeterminismus zur Folge.“ Es bleibt offen, ob auch Kausalität aus kleinsten Einheiten besteht, die mit der Teilbarkeit von Randbedingungen korreliert ist.

Wie auch immer die Aussage ausfällt, ob angenommen wird, daß Kausalität im mikrophysikalischen Bereich verlorengeht oder nur scheinbar wegen des unzulänglichen Erkenntnisapparates, auf experimentelle Probleme der Biologie wird sie keinen Einfluß haben, da in komplexen Systemen immer Randbedingungen vorhanden sind. Trotzdem darf nicht übersehen werden, daß es in der Biologie echte Zufallsentscheidungen gibt; sie müssen aber nicht unbedingt quantenphysikalischen Ursprungs sein.

M. Eigen und R. Winkler (1975, S. 35) veranschaulichen an einem Würfel, wie ein System in einer labilen Phase aufgrund der thermischen Bewegung der Atome dem Zufall ausgeliefert ist. Die hin und wieder beobachteten Zufallsentscheidungen bei architektonischen Merkmalen – hier Zufall als nicht voraussehbar, nicht aber indeterminiert verstanden –, die nicht selektiert werden können (normale und gedrehte Wuchsform, Zwei- und Dreikeimblättrigkeit, Polydaktylie; s. *C. Bresch,* 1964, S. 285), oder auch Mutationen mögen Beispiele aus der Biologie sein. Das Ergebnis des Zufalls wird Ursache neuer Kausalketten.

mühsam es ist, in Worten, Vergleichen oder Bildern die hier vorliegenden Verhältnisse zu schildern – dennoch erfaßt die Mathematik sie in der leuchtenden Klarheit des Erkennens, vor dessen durchdringender Kraft es nichts Verborgenes gibt.

Die mit den Ergebnissen der Quantenphysik unter den Physikern (mit *Einstein, von Laue, Planck* und *Schrödinger* auf der einen und *Bohr, Born, Heisenberg* und *Pauli* auf der anderen) entfachte Diskussion über die Gültigkeit des Kausalitätsprinzips im mikrophysikalischen Bereich belebte auch die Erörterung von uralten Problemen, die im Grenzbereich von Philosophie und Naturwissenschaft angesiedelt sind.
Ein von Philosophie und Psychologie immer wieder aufgegriffenes Problem betrifft die Möglichkeit des freien Willens, die Grundlage jeder Morallehre. Das Postulat einer durchgehenden Determiniertheit allen Geschehens steht ja im Widerspruch zur Willensfreiheit. Auf der einen Seite steht die Behauptung, daß wir ohne äußeren Zwang frei in der Entscheidung seien, den oder jenen Eisenbahnwaggon zu besteigen, schneller oder langsamer zu gehen oder ein Buch zu schreiben, auf der anderen Seite die Erkenntnis, daß der Mensch als Teil der Natur durch Ursachen und Randbedingungen determiniert sein muß. Das Bild eines Dämons (*Laplace, P. S., de* 1749–1827), der nach Kenntnis aller Ursachen und Randbedingungen Zukunft und Vergangenheit kennt, ist erschreckend.
So wurde die Indeterminiertheit im mikrophysikalischen Bereich, die experimentell und durch den Aufbau unserer Erkenntnis bedingte Nichtvorhersehbarkeit eines Quantensprungs als Hinweis auf eine Lösung des Kausalität-Willensfreiheit-Problems aufgenommen, mit Zufall, ja in bewußter Überschreitung wissenschaftlicher Urteilsbildung selbst mit „Freiheit" des einzelnen Atoms „sich zum Zerfall zu entschließen" übersetzt (s. *P. Jordan,* 1941, S. 40). Jordan fährt dann fort: „... so kommen wir auf die Vermutung, daß der im mikrophysikalischen vorgefundene Bereich eines in seinen Einzelentscheidungen nicht vorausberechenbaren Geschehens etwas wie eine letzte blasse Spur von Lebendigkeit bedeuten könnte" (S. 41) ... „Wir dürfen es in der Tat für denkbar und sogar für wahrscheinlich halten, daß ganz allgemein dem freien Spiel der Gedanken und Empfindungen Vorgänge von atomphysikalischer Feinheit als physisches Korrelat entsprechen" (S. 111).
Eine Brücke zum Lebendigen wird auch in den durch Strahlen auslösbaren, aber nicht vorherbestimmbaren Mutationen gesehen (S. 81).

Man folgerte aus der partiellen Aufgabe des Kausalitätsprinzips während einer noch nicht abgeschlossenen Diskussion in der Physik, daß auch die Annahme der Determination des Willens nicht mehr zwingend sei. *A. H. Compton* (s. *K. Popper,* 1973, S. 243) schreibt : „. . . es ist nicht mehr gerechtfertigt die physikalischen Gesetze als Grund gegen die menschliche Freiheit anzuführen". Die anscheinend indeterminierten Ereignisse der Mikrophysik werden in Lebensvorgänge eingreifend gedacht und auch im Bereich menschlicher Entscheidung angesiedelt. Quantensprünge werden Ursache einer Entscheidung.

Sicher ist es vorstellbar, daß Quantensprünge über das Nervensystem als Verstärkermechanismus das Bewußtsein beeinflussen, wie es auch viele Umwelteinflüsse tun, doch für das Problem Willensfreiheit ist damit nicht viel gewonnen. Wir nehmen ja an, daß unsere Entscheidung nicht auf Zufall und schon gar nicht auf dem „Entschluß eines Atoms einen Quantensprung zu vollführen", sondern auf Planung, auf Abwägung von Möglichkeiten beruht. Um dieser Annahme gerecht zu werden, muß dem Bewußtsein ein Einfluß auf Quantensprünge zugeschrieben werden. Noch aber fällt Psychokinese in den Bereich der Parapsychologie.

Für die Naturwissenschaft ist dieser Ausweg unbefriedigend, und auch *Popper* findet wenig Gefallen an derartige Vorstellungen. Er bietet eine neue Lösung des Problems an: einen Bewußtsein-Materie-Dualismus; er schreibt (S. 267): „Die Fähigkeit zur Beeinflussung gehört einfach zum Gehalt und zur Bedeutung (von Theorien); denn ein Teil der Funktion von Gehalten und Bedeutungen ist die Steuerung." Er sieht im Erkenntnissystem mit der Möglichkeit zu argumentieren, Hypothesen abzuwägen sehr deutlich eine Weiterentwicklung von Mutation (Versuch) und Auslese (Irrtumsberichtigung) in der Evolution, die nicht das falsche Hypothesen machende Individuum, sondern nur die falsche Hypothese ausrottet. Jedes Argument entspricht einem Versuch, frühere Lösungen und Irrtümer sind gespeichert.

Das Bewußtsein, das sich zu seiner Entlastung und Erweiterung der Schrift und der Datenverarbeitungsanlagen bedient und mit deskriptiver und argumentativer Funktion der Sprache umschrieben wird, träfe unter den vorhandenen Theorien die Auswahl nach der Methode des Versuchs und der Irrtumsbeseitigung. Nach der Auswahl ergäbe sich die einer Theorie entsprechende Handlungsweise. Die Versuchs- und Irrtumsschritte sollen je nach Entwicklungsstufe – Amöbe oder *Einstein* – mehr oder weniger zufällig, „wolkenartig", das heißt indeterminiert erfolgen (S. 272/273).

Eine derartige Konstruktion ermöglichte es nach *Poppers* Vorstellungen, Verhalten plastisch zu steuern. Plastisch (S. 265/267) nennt *Popper* sowohl eine Steuerung von Handlungen durch Abwägen von Theorien als auch eine Steuerung mit Rückmeldung. In einer Seifenblase, bei der die indeterminierten Bewegungen der Moleküle in der Seifenhaut und die der Moleküle in der eingeschlossenen Luft sich wechselseitig steuern, sieht er ein einfaches physikalisches Modell derselben. „Ohne Luft würde die Seifenwasserschicht zusammenfallen, . . . ohne Haut wäre die Luft unkontrolliert . . .. Die molekularen Effekte werden nicht ausgeschaltet, sondern tragen wesentlich zum Funktionieren des Systems bei." Die Seifenwasserschicht wird in die Nähe Lebewesen umschließender Membranen gerückt (S. 276), über die diese Umwelteinflüssen zugänglich werden. *Popper* bemerkt, „daß bei mindestens einigen Organismen molekularen Fluktuationen anscheinend verstärkt werden und zur Auslösung von Versuchs- und Irrtumsbewegungen dienen."

Er gibt dem Indeterminismus hinter den Grenzen der Meßbarkeit Raum, wobei er sich auf *C. S. Peirce* (1839–1914) bezieht, und wendet sich gegen die Lehre, daß es zwischen Zufall und absoluter Notwendigkeit nichts geben kann (S. 253). Er hält Indeterminismus „mit praktisch jedem beliebigen Grad von Regelmäßigkeit vereinbar." *Poppers* Modell veranschaulicht, ohne zu sagen, was Bewußtsein ist, wie Bewußtseinszustände von Zuständen der Umwelt abhängen und zurückwirken könnten. Es zeigt, wie sich zwei „wolkenähnliche" Systeme gegenseitig durchaus determiniert zu steuern vermögen. Es ist aber fraglich, ob die Brücke zur freien Entscheidung geschlagen werden kann. „Die Lösung muß die Freiheit erklären, und zwar nicht einfach als Zufall, sondern als das Ergebnis eines komplexen Zusammenwirkens von etwas sehr Zufallsähnlichem und so etwas wie einer einschränkenden oder auswählenden Steuerung" (*Popper*, 1973, S. 257).

Das in diesem Satz entwickelte Programm scheitert aber an der Definition von „zufallsähnlich“ oder „beliebiger Grad von Regelmäßigkeit“. Durch die Verbindung von Zufall und Gesetzmäßigkeit entsteht ja keineswegs etwas Zufallsähnliches. Der Zufall bleibt Zufall, wird Ursache einer neuen Kausalkette. So besteht die Freiheit seines Entwurfes nur in der eines Würfel- oder Münzwurfes. Die Steuerung im Modell wird zudem nicht weniger plastisch, wenn man eine indeterminierte Bewegung der an der Seifenblase beteiligten Moleküle verneint. Die Geschwindigkeit eines Moleküls kann durchaus durch Eigengeschwindigkeit und die Stöße der umgebenden Moleküle determiniert, wenn auch praktisch nicht bestimmbar angesehen werden.

Vermeintlich frei in der Entscheidung sind wir nur solange, wie sich keine richtigen Theorien gebildet haben, gleichgültig ob diese uns bewußt werden oder ob sie Reflexe und Automatismen beherrschen. Die Wahl der Reihenfolge bei der Prüfung vorhandener Hypothesen ist nur mit der Freiheit eines Würfelspiels ausgestattet und die dann noch verbleibende Freiheit, die im Alltag willentlich herbeigeführte Entscheidung zwischen zwei oder mehr Möglichkeiten zu erlauben scheint, könnte durchaus nur eine Simulation derselben sein. Bleibt man dabei, daß Bedeutung und Gehalt einer Hypothese Teil der physikalischen Gegebenheiten des Organismus sind, so läßt sich folgern, daß damit verknüpfte positive und negative Vorstellungen durch nervöse und humorale Sachverhalte repräsentiert sind, die mit den Vorstellungen entstehen und mit diesen abgerufen werden. Eine Entscheidung käme dadurch zustande, daß bei einer Hypothese die Repräsentanten positiver Erfahrung im Organismus überwiegen. Jede neue über Beobachtung, Sprache oder Schrift zugängliche Erfahrung, jede neu erweckte Assoziation verändert das nervöse und humorale Gefüge, wichtete die vorhandenen Hypothesen, hätte Einfluß auf die Entscheidung. Ein zunächst zufälliges Übergewicht in einer Richtung würde durch entsprechende Handlungen in ein dauerhaftes verwandelt werden. Der Rahmen dessen, was als positiv bewertet wird, ist durch Gene, Erziehung und Erfahrung abgesteckt.

Objektiv, d. h. auf Abwägung objektiv nachprüfbarer Sachverhalte gegründet, ist eine auf diese Weise zustandegekommene Entscheidung nicht. Sie ist von Konvention, Glauben und Gesellschaftsordnung geprägt. Sie kann aber objektive Entscheidungen verhindern. Ob diese Feststellungen für eine Entscheidung gelten, darüber sollte man sich und anderen unmißverständlich Rechenschaft geben.

Wie wir uns im Hinblick auf die Willensfreiheit entscheiden, wir wissen, daß nicht alles gesagt ist. Erkenntnis endet bei Begriffen wie Bewußtsein und Assoziation. Vielleicht werden manche auf Grund des objektiven Fehlens von Randbedingungen einen freien Willen folgern. Die Naturwissenschaft liefert keine Tatsachen, die unsere Entscheidung zur objektiven machten. Die Probleme sind die gleichen wie bei der Erklärung der Induktion. Man sollte sich aber fragen, ob die Entscheidung für einen freien Willen weitreichendere Folgen hätte als die Entscheidung für das Zustandekommen der gleichen bewundernswerten Leistungen durch Simulation. Macht Einsicht in das Werden einer Entscheidung diese nicht für den Einsichtigen weniger manipulierbar?

IV. Philosophische Systeme und die Einordnung naturwissenschaftlicher Erkenntnisfindung

Neopositivismus · hypothetischer Realismus · Vitalismus und Mechanismus · Holismus · Kybernetik

Die auf den vorausgehenden Seiten skizzierte Einstellung des Naturwissenschaftlers zu seiner Umwelt mag neopositivistisch genannt werden. Positivistisch ist sie im *Compte*schen Sinne von wirklich und nützlich (réel et utile), aber ohne die visionäre Schau und den Dogmatismus dieser Philosophie (*A. Compte,* 1798 bis 1857). In der strikten Trennung von Erkennbarem und Nichterkennbarem hat es aber über viele Jahrhunderte hinweg Vorläufer gegeben. (Zur Geschichte des Positivismus vergleiche man z. B. *L. Kolakowski* 1971.)

Die im Realismus fußende Feststellung, daß eine vom Menschen unabhängige Wirklichkeit existiert, die der Mensch in seinen Hypothesen und Theorien wiedergibt, wird mit der Auffassung des Empirismus (Sensualismus) verknüpft, daß Wirklichkeit im Wahrgenommenwerden durch unsere Sinne besteht. Durch einen Wahrnehmungsapparat, der in steter Wechselwirkung mit der Wirklichkeit entstanden ist und der somit Teil dieser Wirklichkeit ist, wird die Verbindung zwischen Wirklichkeit und Erkenntnis hergestellt. Hinzu kommt, daß die Bedeutung der Sprache als Brücke zwischen Wirklichkeit und Erkenntnis, aber auch die Beschränkung der Erkenntnis durch Sprache gesehen wird. Die vorgetragene erkenntnistheoretische Einstellung wendet sich ebenso gegen eine naiv realistische Einstellung einer absolut identischen Entsprechung von objektivem Sachverhalt und menschlicher Erkenntnis, wie gegen eine konstruktivistische Auffassung, die in Theorien ausschließlich ein anschauliches Schema zur geistigen und manuellen Bewältigung einer nicht erkannten Wirklichkeit sieht. Sie verweist darauf, daß Erkenntnis nur aus einem Bereich mit fließenden Grenzen und beschränkt durch die Struktur von Technik und Erkenntnisapparat existiert. Rational ist sie insoweit, als sie irrationale Annahmen ausschließt und davon ausgeht, daß nichts ohne Grund geschieht. Zwangsläufig steht sie im Widerspruch zu einer idealistischen Auffassung einer nur in Ideen existenten wahren Wirklichkeit.

Man kann in der vorliegenden Erkenntnistheorie eine Art des kritischen und des logischen Empirismus sehen. Der Zusatz „kritisch" steht für einen unter dem Druck neuer Erkenntnisse überdachten und abgewandelten Empirismus; „logisch" meint, daß die Ergebnisse der Sprachlogik nicht ohne Einfluß auf den Empirismus geblieben sind. Wegen des breiten, nuancenreichen Bedeutungsspektrums vieler aus der Philosophie kommenden Begriffe ist Richtung und Inhalt der vorgetragenen Theorie aber damit nur annähernd charakterisiert. Von Biologen wird hin und wieder die Bezeichnung „hypothetischer Realismus" verwendet (s. z. B. *K. Lorenz*, 1973b). Wesentlichster Teil seines Fundamentes ist Erkenntnis der Wirklichkeit aufgrund evolutionärer Anpassung des Erkenntnissystems an die Wirklichkeit.

In der Diskussion biologischer Fragen spielten die Auffassungen von Vitalismus und Mechanismus eine große Rolle. Der Gültigkeitsanspruch beider Geistesrichtungen geht weiter als der der dargelegten Theorie, sofern man ihre weitestgehenden Ausdeutungen ins Auge faßt. Vitalismus wie Mechanismus streben, obwohl unvereinbar, einem gleichen Ziel zu: die unleugbar zu jeder Zeit durch Blickwinkel und Methode beschränkte Erkenntnis zu allgemein gültiger Einsicht und umfassender Erkenntnis der Welt, zur Ontologie umzuformen.

Ein weites Feld unterschiedlich gewichteter Denkansätze breitet sich zwischen den Extremen. Diese werden durch Annahme der Allbeseeltheit im Animismus markiert und durch die Position des Materialismus, der auch seelische und geistige Vorgänge auf komplexe Wechselwirkungen sich bewegender Atome zurückführt. Aber selbst in seiner Form des Marxismus findet *J. Monod* (1973, S. 46) noch animistische Projektionen.

Die mechanistische Auffassung entstand und wuchs mit den Naturwissenschaften in einer vitalistisch geprägten Welt. Ihren Keim zu Beginn der Neuzeit legte *R. Descartes* (1596–1650) mit dem Begriff „bête machine“, der bald zu „homme machine“ (*J. O. de Lamettrie*, 1709–1751) erweitert wurde. Das gehässige Wort von Gott als „gasförmigem Wirbeltier“ stammt von *E. Haeckel* (1834–1919). Von mechanistischer Seite wird die Erforschbarkeit dieser sich selbst erhaltenden Maschine durch Auflösung in ihre Teile, die vollständige Erklärbarkeit mit Hilfe physiko-chemischer Gesetze und die Gleichheit der Vorgänge in belebter und unbelebter Natur hervorgehoben. Eine wesentliche Voraussetzung für das Funktionieren der Maschine wird in der Struktur gesehen. Die vitalistische Seite betont die prinzipielle Unauflösbarkeit, die Ganzheit des Organischen und spricht dem Lebendigen der naturwissenschaftlichen Methode nicht zugängliche Eigenschaften zu, die positives Prinzip (*F. W. J. Schelling*, S. 599f.), élan vital, Dominanten, diaphysische Kräfte, Entelechie oder von den Psychovitalisten einfach Seele genannt werden (vgl. *L. v. Bertalanffy*, 1932, S. 37). Trotzdem ist die Hypothese der sich durch kausales Geschehen selbst erhaltenden Maschine auch Teil der vitalistischen Anschauung. Im Gegensatz zum Mechanismus aber, der seine komplexe Sachverhalte charakterisierenden Begriffe wie Induktion, Biogene oder Determinanten mit der sicheren Überzeugung einführt, daß sie auf physiko-chemische Gesetzmäßigkeiten zurückgeführt werden können, sind die Begriffe der Vitalisten unräumlich, immateriell gedacht. Sie vermitteln dort, wo kausale Zusammenhänge nicht nachweisbar erscheinen. Die Auseinandersetzung mit der Interpretation der Ergebnisse der mechanistisch ausgerichteten Entwicklungsphysiologie der Tiere (*E. Haeckel*, *W. Roux* 1850–1924, *H. Spemann* 1865–1941) brachte in den Jahrzehnten nach der Jahrhundertwende mit *H. Driesch* (1867–1941) einen letzten Höhepunkt vitalistischer Anschauung. Die Basis dafür war aber schon mit der schnell wachsenden naturwissenschaftlich-biologischen Erkenntnis seit der Mitte des vorigen Jahrhunderts immer schmaler geworden. Hatten Vitalisten doch zunächst behauptet, nie würde es gelingen organische Verbindungen im Reagenzglas herzustellen, es dann beispielsweise für unmöglich erachtet, daß Fermentation ohne vitale Kräfte auskomme, und sich schließlich darauf versteift, daß Form als planmäßige Ganzheit nicht mit physiko-chemischen Prinzipien zu erklären sei. Die als Holismus bezeichnete Form des

Vitalismus postulierte, „gestaltliche Faktoren“ müßten zu physikochemischen Prinzipien hinzutreten (vgl. *L. v. Bertalanffy,* 1928, S. 139).

W. Troll schreibt 1948 (!): „Bei dieser Lage der Dinge“ (nämlich der Kristallisierbarkeit der einheitlichen Molekülart der Gene) „verliert die Annahme, es könnten die gestaltlichen Qualitäten eines Organismus sich aus der stofflichen Eigenart der an ihrem Zustandekommen beteiligten Gene erklären lassen, alle Wahrscheinlichkeit“ (vgl. aber S. 71f.). Die so in Form verneinender Existenzsätze postulierten Grenzen der Naturwissenschaft müssen in logischer Konsequenz zum Forschungshemmnis werden. Wurden sie es nicht, so dank einer Wissenschaft, die postulierte Grenzen nicht kennt und der nur durch die experimentellen Methoden Grenzen gesetzt waren und sind.

Ohne Zweifel steht die heutige Form der Erkenntnistheorie in der Nachfolge mechanistischer Anschauungen, wie der nachgezeichnete Aufbau des Erkenntnisprozesses (Abb. 2) deutlich macht. Der Begriff Mechanismus wird hier ohne alles in Jahrhunderten angehäufte metaphysische Beiwerk verwendet. Er umgrenzt lediglich den kausalanalytischen, den durch Faktorenanalyse zugänglichen Bereich. Nicht erst der dialektische Materialismus (s. *E. Bandlow,* 1970, S. 28, 33, 37) verweist darauf, daß Mechanismus im Sinne einer einfachen Maschinentheorie verstanden, den vielfältigen Wechselwirkungen und der Selbstregulation im Organismus nicht gerecht wird. Der Begriff Mechanismus ist heute durch Kybernetik (Lehre von der Steuerung) ersetzbar. Das der Struktur des Erkenntnisprozesses entsprechende methodische Vorgehen ist die einzige Möglichkeit objektiv etwas über unsere Umwelt zu erfahren. Das kann auch vom Vitalismus und von anderen philosophischen Anschauungen nicht bestritten werden, können sie sich doch nicht von einer dadurch veränderten Welt ausschließen. Ziel naturwissenschaftlichen Forschens ist es nicht, über die Verknüpfung zu belegender Hypothesen hinaus zu spekulieren, ob dieses methodische Vorgehen ausreicht, um alle Rätsel des Lebendigen zu entschlüsseln, ausreicht für eine allumfassende Erklärung und Erkenntnis der auf uns eindringenden Phänomene. Ein solches Unterfangen scheiterte an methodischer und methodologischer

Überforderung. Grenzüberschreitungen wären unausbleiblich. Naturwissenschaft ist auf Bewältigung (was nicht unmittelbar Beherrschung bedeutet) der Natur durch Klarheit der Darstellung ausgerichtet, nicht aber darauf, metaphysische Spekulationen als wissenschaftliche Erkenntnis auszugeben.

Je schwieriger es aber ist, aus einem Gebiet objektive Daten zu erhalten, desto leichter macht sich der alte Glaube breit, daß ein Sachverhalt als Ganzes intuitiv und nicht als Zusammenspiel objektiv erklärbarer Sachverhalte zu erfassen sei.

V. Das historische Werden einer Theorie

1. Phylogenese

Mythen, Naturphilosophie, Naturwissenschaft · Unveränderlichkeit der Arten · Lamarck · Darwin · Mikroevolution · Makroevolution · hopeful monsters · Fulguration · genetischer Dualismus · chemische Evolution · umfassende Erklärung durch eine Theorie in verschiedenen Bereichen

Mythen sind die ältesten Zeugnisse des Versuchs das Problem der Entstehung der Welt, der Entstehung des Lebens und dessen stetes Werden und Vergehen zu bewältigen und anschaulich zu erklären. Sie führen bis auf Vorstellungen zurück, die dem menschlichen Fragen entzogen, tabuisiert sind.

Immer wenn durch anwendbare Erkenntnisse über die Natur und die Fähigkeit zu abstraktem Denken versucht wurde, Götter oder Gott rational und nicht mystisch, als Kräfte zu fassen, trat die Naturphilosophie an die Stelle der Mythen. Auch die von ihr geschaffenen Begriffe sind operationaler Definition völlig unzugänglich. Überprüfbares ist kaum entwirrbar mit Nicht-Überprüfbarem vermengt.

Die Aussagen der Naturphilosophie bleiben unverbindlich; die alten Fragen stellen sich neu. Heute, auch wenn wir von Naturwissenschaft, von Biologie sprechen, sind es noch dieselben Fragen wie vor tausenden von Jahren, nur die Methode der Beantwortung hat sich gewandelt, soweit wir Naturwissenschaft treiben.

Nicht *ad hoc* erfundene oder sich offenbarende Götter oder außerhalb der erforschbaren Wirklichkeit existierende Kräfte regieren das Geschehen, sondern dieselben Gesetzmäßigkeiten, die in einzelnen, experimentell zugänglichen Sachverhalten vorgefunden werden. Dabei ist nichts über die Herkunft der Gesetzmäßigkeiten gesagt. Die Entstehung des Lebens und die Artbildung, die Entwicklung des einzelnen Individuums und seine Form werden allein mit Theorien erklärt, die auf keinen anderen Gegebenheiten fußen und auch keine anderen benötigen als die in den vorausgegangenen Abschnitten dargelegten. Ob jemand diese Theorien glaubt oder nicht, ist völlig bedeutungslos für die Naturwissenschaft. Entscheidend ist, daß ihre Theorien von belegbaren Annahmen ausgehen und daß sie zur Auslotung ihres Geltungsbereiches aufrufen, Deduktionen herausfordern, daß sie für die Forschung fruchtbar sind.

Skepsis ist ebenso angebracht, wenn diese Theorien als unantastbare und unumstößliche Wahrheit der Naturwissenschaft angesehen werden, wie wenn diese Theorien wegen der Schwierigkeiten, die sich bei der Übertragung der Erkenntnisse auf neue Fälle noch vielfach einstellen, als Erklärung abgelehnt werden, ohne eine alternative, eine konkurrierende Theorie liefern zu können*. Es geht darum, die die Gesetzmäßigkeiten modifizierenden Randbedingungen zu bestimmen oder die angenommene Gesetzmäßigkeit als nicht relevant für bestimmte Systeme, beispielsweise höhere Organismen, zu belegen. Diskussionen über entwicklungsbiologische Fragen verlassen bei mangelnder Klarlegung der erkenntnistheoretischen Voraussetzungen, wie noch immer beobachtet werden kann, den Bereich naturwissenschaftlich zulässiger, sinnvoller Argumentation. Dasselbe gilt selbstredend auch für andere von Philosophie und Ideologie beeinflußte Gebiete. Ohne überprüfbare, konkurrierende Hypothese ist eine naturwissenschaftliche Theorie nicht angreifbar. Begründet wurde dieser Satz in den vorausgehenden Abschnitten.

Bis ins späte 18. Jahrhundert war die Lehre von der Unveränderlichkeit der Arten, die Lehre der Schöpfungsgeschichte und die des *Aristoteles* (384–322) Teil biologischer Argumentation. Man glaubte an einen einmaligen Schöpfungsakt und die Weitergabe des einmal Geschaffenen durch Generationen. Im Zeichen des

* *Ch. Darwin* (S. 444): „It is so easy to hide our ignorance under such expressions as the ‚plan of creation', ‚unity of design', &c., and to think that we give an explanation when we only re-state a fact. Any one whose disposition leads him to attach more weight to unexplained difficulties than to the explanation of a certain number of facts will certainly reject the theory."

Glaubens an die stetig wirkende Allmacht des Schöpfers wurde die Annahme der Urzeugung, der immerwährenden Bildung von Organismen aus unbelebter Materie, nicht als Widerspruch empfunden. Zeigten doch Versteinerungen, die als Zeugen nicht zu Ende gekommener Urzeugung gedeutet wurden, gleich wie das spontane Auftreten von Ungeziefer, daß die Erde Urstoff allgegenwärtiger Schöpfung war.

Die Frage, „Was ist?" im Hinblick auf die Entstehung der Arten gestellt, wird in der biologischen Literatur (s. z. B. *K. Mägdefrau*, 1973 oder *E. Nordenskiöld*, 1926) erst um 1800 vereinzelt und spekulativ anders beantwortet. Auch *I. Kant* (1724–1804) greift entsprechende Gedanken auf (s. z. B. Synopsis bei *C. C. Behringer*, 1939). Noch *C. v. Linné* (1707–1778) baut sein weitgehend künstliches System auf dem Dogma der Unveränderlichkeit der Arten auf, und *G. L. de Cuvier* (1769–1832) sieht wie auch andere in Fossilien nur die Überreste bei Katastrophen (Sintfluten) umgekommener Lebewesen, nicht aber die Überreste von Vorfahren rezenter Organismen. Immerhin können beide angesichts unleugbarer Übergänge nicht umhin, vereinzelt Formulierungen zu verwenden, die vage die Möglichkeit einer natürlichen Verwandtschaft offenlassen.

Deutlich, aber neben einer Anzahl krauser Spekulationen, spricht *J. B. de Lamarck* (1744–1829) den Gedanken einer Umbildung der Arten in seiner „Philosophie zoologique" (1809) und weiteren Publikationen aus. Die Frage nach der Ursache der Evolution beantwortet er mit der Hypothese gestaltend wirkender Lebensbedingungen, unter deren Einfluß Arten sich kontinuierlich umbilden. Sein Werk findet wenig Beachtung. Obwohl seine Zeit in einem natürlichen System das Abbild des Schöpfungsplanes sieht, wird *Lamarcks* revolutionärer Gedanke weitgehend ignoriert. 150 Jahre später wird er einen Nachfolger haben, der ähnliche Ansichten mit Mitteln eines totalitären Staates vertritt und die Uhr der Forschung um über 100 Jahre zurückstellt.

Aufsehen erregte erst *Ch. Darwin* (1809–1882) mit seinem 1859 erschienenen Buch „On the origin of species by means of natural selection", nach dem auch seine erste Veröffentlichung mit der von

A. R. Wallace (1823–1913) zum selben Thema ohne Echo geblieben war. Die Umbildung der Arten wird mit deren natürlichen Variabilität und der Auslese der bestangepaßten Varietät erklärt. Eine Fülle von Belegen für Variabilität und Auslese findet *Darwin* in der Haustierzüchtung. Auslese, vom Menschen willentlich vorgenommen, ist in der Natur das Ergebnis von Lebensbedingungen, die die Entfaltung dieser oder jener Varietät begünstigen oder hemmen. Die Bestangepaßten, Varietäten mit wie immer geartetem Fortpflanzungsvorteil, überleben im Kampf ums Dasein. Ein natürliches System ist nun Ausdruck einer natürlichen Verwandtschaft.

„Struggle for life" und „the fittest", Begriffe die zur Beschreibung und Erklärung eines naturwissenschaftlichen Sachverhaltes von *Darwin* ohne Wertung verwendet wurden, werden bei den Sozialdarwinisten zu politischen Schlagwörtern.

Noch gibt es keine Erklärung für Variabilität; *Darwin* selbst hält Anpassung im *Lamarck*schen Sinne durchaus für möglich. Natürliche Selektion ist nicht belegbar.

Ein erbittertes Für und Wider beginnt. Der Mensch, von *Darwin* selbst fast nur mit einem Satz in seine ersten Betrachtungen einbezogen (s. 1958, S. 449)*, als vorläufiges Endprodukt eines mechanistischen Prinzips in einer Entwicklungsreihe macht die Theorie für viele unannehmbar; doch mit der Zeit häuft sich eine unübersehbare Flut von Daten an, die mit der Theorie in Einklang stehen. Die seit der Wiederentdeckung (1900) der *Mendel*schen Regeln (*J. G. Mendel* 1822–1884) sich schnell entwickelnde Genetik klärt den Zusammenhang zwischen Variabilität und Vererbung, und als für Variabilität spontane Mutation, sprunghafte Änderung eines Genes postuliert (*H. de Vries* 1848–1935) wird und schließlich solche ausgelöst werden können (*H. J. Muller* 1927) (s. *M. Hartmann* 1965, S. 29), ist aus der Hypothese eine wohl belegte Theorie geworden.

Mutationen werden im mikroskopischen, dann im submikroskopischen Bereich faßbar. Die auf Mutationen folgenden Änderungen im Stoffwechselgeschehen werden analysiert, Stammbäume

* Much light will be thrown on the origin of man and his history.

lassen sich weitgehend auf Grund der chemischen Verwandtschaft von Proteinen verschiedener Arten rekonstruieren und biochemische Befunde im Bereich sekundären Stoffwechselgeschehens bestätigen und ergänzen Schlüsse auf Grund morphologischer und anatomischer Merkmale. Selbst Belege für das Wirken der immer wieder geleugneten oder auf lange, nicht überprüfbare Zeiträume verschobenen natürlichen Auslese können beigebracht werden: Industriemelanismus bei Schmetterlingen, Änderungen in der Virulenz von Bakterien und Viren, etc. Die Verfahren der numerischen Taxonomie, die ohne die Voraussetzung einer Evolution die Organismen ordnet, führen zu Systemen, die den evolutionären weitgehend entsprechen. Doch inzwischen sind 120 Jahre seit der Veröffentlichung der Theorie verstrichen.

Je besser die große Zahl experimenteller Befunde aus allen Bereichen der Biologie mit der Theorie in Einklang zu bringen war, desto leichter war man geneigt zu übersehen, daß die Belege nur den Bereich der Bildung von Varietäten, vielleicht noch den von Arten abdeckten, den Bereich, der als Mikroevolution bezeichnet wird. Der analysierbare Vorgang, zufällige Mutation und nachfolgende Auslese konnte aber solange fortgesetzt gedacht werden, bis sich Arten soweit voneinander entfernt hatten, daß sie bei taxonomischer Bewertung in verschiedene Familien, Ordnungen und schließlich Klassen einzuordnen waren. Zu Beginn noch nicht vorhandene Kreuzungsbarrieren ermöglichten den Austausch und die Vereinigung von Mikromutationen, die in verschiedenen Populationen entstanden waren.

Modifizierung von vorhandenen Eigenschaften war unschwer einzusehen, aber der Erwerb völlig neuer Eigenschaften, durch die sich höhere systematische Kategorien, verschiedene Klassen oder auch Ordnungen unterscheiden, forderte zusätzliche Erklärung. Da das Auftreten neuer Eigenschaften, durch spontane Neubildung von Genen, nach allem was man über den Aufbau des genetischen Materials gelernt hatte, nicht sehr wahrscheinlich schien, wurde die Bildung von neuen Genen durch Verdoppelung vorhandener und nachfolgender Abänderung derselben vorgeschlagen. Als man in Betracht zog, daß Makroevolution wohl wenig mit der Vermehrung des Genmaterials korreliert ist, versprach die Annahme von zunächst funktionslosen und dann schrittweise zur Funktion mutierenden Genen Erklärung.

Auch in dieser Annahme werden Probleme gesehen, und so erklärt, abweichend von der Vorstellung, daß Makroevolution nichts anderes sei als die Summe der kleinen Schritte der Mikroevolution, eine andere Hypothese Makroevolution mit einer (einzigen) systemverändernden Mutation. So entstandene Organismen wurden „hopeful monsters" (*R. Goldschmidt,* 1940) genannt, hopeful weil ihre zunächst monströse Anatomie Möglichkeit und Ausgangspunkt neuer, mikroevolutionärer Veränderungen war und ist, weil sie offensichtlich Selektionsvorteil bot und bietet. Ins Auge springende historische Beispiele wären *Archaeopteryx* oder Scholle. Neue Lebensräume konnten besiedelt werden, der Luftraum von *Archaeopteryx*, sandige Flachwasser von Scholle und deren Abkömmlingen. Auch aus jüngster Zeit sind Beispiele bekannt, die zeigen, wie durch einen Mutationsschritt vom Ausgangstyp stark abweichende, eine ökologische Nische füllende Monster entstehen können: wie z.B. Teckel.

Im Bereich des Verhaltens nimmt *K. Lorenz* (1973b) das Problem der Entstehung von neuen Eigenschaften auf. Neue Verhaltensweisen entstehen nicht schrittweise, sondern überraschend, schlagartig. Aus einem System niedriger Integration entsteht ein solches höherer. *Lorenz* kennzeichnet dieses nicht vorhersehbare Ereignis mit dem von „fulguratio" gleich Blitzstrahl abgeleiteten Wort Fulguration. Das Ergebnis einer Fulguration ist aus den bekannten Sachverhalten und Gesetzmäßigkeiten des Systems niedriger Ordnung nicht ableitbar. Das Ganze ist mehr als seine Teile. – Diese Feststellung kann aber nur als Aufforderung verstanden werden auch die Gesetzmäßigkeiten der Integration zu erforschen. Sicher ist dies schwieriger als die Erforschung von Teilen, doch auch diese sind schließlich durch Integration von Sachverhalten entstanden (vgl. S. 25, 54). Auch hier sind schlüssige Aussagen von der Zurückführung auf die molekulare Ebene zu erwarten.

Ereignisse, auf die das Wort Fulguration ebenfalls anwendbar wäre, könnten auch die bindenden Glieder zwischen den Seinsschichten (anorganisch, organisch, geistig, seelisch) *N. Hartmanns*

(1882–1950) sein, und hinter der marxistischen Doktrin vom Umschlag der Quantität in Qualität verbirgt sich wohl die Erwartung einer Fulguration.

Eine neue Variante in der Evolutionstheorie ist *Poppers* (1973) „Genetischer Dualismus“. *Popper* findet, daß die Theorie von Mutation und Selektion nicht zwischen dem Besitz eines Organs und der Möglichkeit seines Gebrauchs trennt. Es wird angenommen, daß beide Sachverhalte stets erblich gekoppelt sind. Er fragt, wieso ein durch Makromutation entstandenes Monster überhaupt mit seiner monströsen Anatomie etwas anzufangen wußte. Mußte sich bei Giraffe oder Specht nicht der Geschmack und die Freßgewohnheit geändert haben, bevor die monströse Anatomie von Nutzen sein konnte? *Popper* trennt der Fragestellung entsprechend die Sachverhalte und kommt zu dem Schluß, daß eine an und für sich günstige Mutation der Organe nur dann Fortschritt und nicht Tod bringt, wenn zuerst die Neigungsstruktur so mutiert ist, daß sie die Möglichkeit einer Organveränderung vorausnimmt.

Zur Verdeutlichung seines Vorschlages dient ein (sich selbst reproduzierendes) Flugzeug. In der Neigungsstruktur ist beispielsweise verankert, a) daß das Flugzeug den Feind angreift und bei Übermacht flieht und b) daß der Feind und die Übermacht erkannt wird und alle Funktionen kontrolliert werden. Organe sind Motor, Ruder, Thermostat und ähnliches. Mutationen können 1. in der Steuerung, 2. in einem von der Steuerung abhängigen Organ, 3. in einem sich selbst steuernden Organ (z. B. Thermostat) und 4. in den Bereichen 1 bis 3 gleichzeitig auftreten.

Es wird gefragt was geschieht, wenn Mutationen beliebig eintreten bzw. wenn 1 vor Mutationen in 2, 3 oder 4 mutiert. Die Ergebnisse sind in der Tabelle zusammengefaßt. Unter negativen Mutationen sind solche zu verstehen, die die vorhandenen Möglichkeiten mindern, unter positiven solche, die potentiell größere Möglichkeiten bieten, wie vergrößerte Kapazität für Aufnahme, Verarbeitung und Übertragung von Informationen im Steuersystem bzw. stärkere Motorkraft, wirkungsvollere Ruder oder genauerer Thermostat bei den Organen.

Das Resultat seiner Überlegungen ist, daß a) eine mutierte Neigungsstruktur etwas weniger häufig tödlich ist als Mutationen in den ausführenden Organen, daß b) durch vorausgehende Mutation der Neigungsstruktur der Möglichkeit nach günstige Organmutationen erst günstig werden und c) daß die Richtung der Entwicklung der ausführenden Organe durch die Neigungsstruktur vorherbestimmt, determiniert ist. Eine zielgerichtete (teleologische) Entwicklung wird simuliert.

Tab. 1. Folgerungen die sich aus *Poppers* „Genetischem Dualismus" fürs Überleben ergeben.

Bereich	negative Mutationen		positive Mutationen	
	Reihenfolge		Reihenfolge	
	beliebig	1 vor 2, 3 od. 4	beliebig	1 vor 2, 3 od. 4
1. Steuerung	–	–	+	+
2. Motor, Ruder	–	–	–	+
3. Thermostat	–	–	+	+
4. mehrere Systeme gleichzeitig (unwahrscheinlich)	–	–	– (+)	+

– = Absturz, Tod + = höhere Lebensdauer, mehr Nachkommen

Popper ist überzeugt, daß sein Vorschlag eine, wenn auch nicht leicht zu belegende Hypothese ist. Seine Argumentation ist bündig. Auf Schwierigkeiten stößt man aber, wenn man versucht die an den Sachverhalten tierischer Organismen orientierten Begriffe auf pflanzliche Organismen zu übertragen. Welcher Sachverhalt wird bei der Evolution der Pflanzen, die sich sicher nach den gleichen Gesetzmäßigkeiten wie die der Tiere vollzieht, mit dem Begriff Neigungsstruktur adäquat beschrieben?

A. Takhtajan (1959) verwendet in seinen Ausführungen zur Evolution der Angiospermen die Begriffe Angepaßtsein (Spezialisation) und Anpassungsfähigkeit (Plastizität). Bei der evolutionären Ausgestaltung eines jeden Organismus haben beide mit diesen Begriffen umrissenen Sachverhalte eine Rolle gespielt, wenn auch mit jeweils unterschiedlichem Anteil. Je stärker Organismen spezialisiert sind, d.h. auf bestimmte Umweltbedingungen fixiert sind (wie zwangsläufig meist nur in der Rückschau festgestellt werden kann), desto geringer wird die Möglichkeit größerer evolutionärer Anpassung, die Plastizität voraussetzt.

Poppers wie auch *Takhtajans* Begriffe sind noch zu weit von einer operativen Definition entfernt, als daß sie exakt verglichen werden könnten. Doch wenn mit Plastizität durch Mutation erworbene Eigenschaften verstanden werden, die der Möglichkeit der Anpassung an neue Lebensbedingungen bzw. der Möglichkeit späterer, auf Spezialisation hinauslaufender Organmutationen Raum geben, so deuten die Begriffe Neigungsstruktur und Plastizität auf homologisierbare Vorstellungen hin, auch wenn *Takhtajans* Begriffe im Hinblick auf Anpassung an eine sich ändernde Umwelt und die *Poppers* im Hinblick auf eine bessere Bewältigung einer konstanten Umwelt gebildet worden sind.

Poppers Deduktion aus seinem Gedankenexperiment, daß die Evolutionsrichtung durch vorausgegangene Mutationen festgelegt sei, ergibt sich zwingend auch aus anderen Überlegungen. Man weiß seit Jahren, daß sich in einer Atmosphäre, wie sie für frühe Erdzeitalter wahrscheinlich war (CO, CO_2, CH_4, N_2, NH_3, H_2S, H_2O), durch elektrische Entladung und Strahlung alle Bausteine des Lebens wie Aminosäuren, Zucker oder Nukleotide in ihrer aktiven, zur Polymerisation geeigneten Form bilden können (s. z. B. *K. W. Kaplan* 1972). Allein die Anzahl der aus den Aminosäuren zusammensetzbaren Proteine (Peptide, Polypeptide) ist aber so unvorstellbar groß, daß bei einer endlichen Bildungsgeschwindigkeit für die Proteine das Erdalter nicht ausreichte, um alle möglichen Proteine auch nur einmal entstehen zu lassen. Um so unvorstellbarer ist es, daß sich gerade die für die Organismen notwendigen durch Zufall im richtigen Augenblick zusammengefunden haben.

Die Relationen macht eine Zusammenstellung von *M. Eigen* und *R. Winkler,* 1973 deutlich. Nimmt man allein Proteine, in denen von den vorkommenden etwa 20 verschiedenen Aminosäuren 100 vereinigt sind – die meisten Proteine sind aus weit mehr zusammengesetzt –, so ergeben sich $20^{100} \approx 10^{130}$ verschiedene Proteine, jeweils mit einem Molekulargewicht von etwa 13 000. Ihre Masse wäre gegenüber der von den Physikern geschätzten Gesamtmasse des Universums von 10^{78} und der Erde von 10^{51} Wasserstoffatommassen ungeheuer. Die Zeitspanne in der auf der Erde die Bedingungen für die Bildung organischer Materie günstig waren, wird mit 10^{17} Sekunden angegeben. Da die Bildungszeit für die Verknüpfung zweier Aminosäuren 10^{-3} bis 10^{-2} Sekunden beträgt, konnte in diesem Zeitraum nur ein winziger Ausschnitt aus dem Spektrum der möglichen Aminosäuresequenzen verwirklicht werden.

Der heutige Ansatz einer Erklärung der Evolution geht deshalb davon aus, daß schon unter den ersten, aus den Bausteinen zufällig entstandenen und auf Grund von Moleküleigenschaften zur Selbstorganisation befähigten Molekülen, die mit der höchsten Bildungsgeschwindigkeit einen Selektionsvorteil hatten. Schon bevor die erste Spur von Leben zutage trat, war damit die Richtung der Entwicklung determiniert. Alternative Möglichkeiten der Evolution konnten nicht mehr verwirklicht werden. Nur der durch den ersten Zufall eingeschlagene Weg konnte weiter verfolgt werden.

Leben war auf die einmal vorhandenen makromolekularen Bausteine angewiesen. Unter denselben Ausgangsbedingungen, wie sie die Uratmosphäre bot, sollten zu einer anderen Zeit, im Reagenzglas oder auf anderen Himmelskörpern Leben entstehen können, zwar nach denselben Prinzipien organisiert, aber ungleich in der Ausgestaltung. Noch gibt es keine Belege für diese Hypothese. Das Zeitalter der außerirdischen Biologie hat mit den Experimenten auf dem Mars eben erst begonnen. Noch vor wenigen Jahren (s. W. *Heisenberg* 1969, S. 158) standen Physiker und Biologen dem Problem der relativ kurzen Evolutionszeit und der unübersehbar großen Anzahl zufälliger Möglichkeiten erklärungslos gegenüber. Heute lassen sich Gesetzmäßigkeiten des Evolutionsprozesses mit Spielen simulieren (s. *M. Eigen* und *R. Winkler*, 1975).

Frühere Zeiten nahmen die Unvorstellbarkeit, daß sich etwas ungeheuer Kompliziertes durch Zufälle zu einem geordneten Ganzen zusammenfindet, als Beweis für einen Schöpfungsakt.

Im Experiment läßt sich zeigen, daß Nukleinsäuren (s. *M. Eigen* und *R. Winkler*, 1973, S. 58) allein auf Grund ihrer Moleküleigenschaften zur Selbstreproduktion befähigt sind, wenn auch die Genauigkeit der Reproduktion ohne Biokatalysatoren weitaus geringer ist als im biologischen System. Spezifische Wechselwirkungen zwischen den Nukleotiduntereinheiten ordnen jeder Nukleinsäurekette eine komplementäre zu, an der sich auf Grund gleicher Gesetzmäßigkeiten wieder die komplementären bilden können. Sind Nukleinsäuren erst einmal entstanden und Nukleotide vorhanden, so ist ein Reproduktionsprozeß zwangsläufig die Folge. Selbstverständlich zerfallen und zerfielen die Nukleinsäuren unter den Bildungsbedingungen auch wieder.

Gleichzeitig mit den Nukleinsäuren sollten sich Peptide aus Aminosäuren gebildet haben. Durch Anlagerung an Nukleinsäuren werden letztere mehr oder weniger vor Zerfall geschützt oder bei katalytischer Wirkung der Proteine schneller repliziert. Sicher sind die verschiedenen Protein-Nukleinsäurekombinationen nicht gleichwertig. Manche Nukleinsäuren werden schneller zerfallen, sich weniger schnell replizieren als andere. Man kann sich vorstellen, daß es eine ideale Kombination von Nukleotid- und Aminosäuresequenzen gibt, bei der die Nukleinsäure optimal geschützt und repliziert wird. Jeder Mutationsschritt, der die Nukleotidsequenz und als Folge davon die Aminosäuresequenz in Richtung auf die Idealsequenz abänderte, brächte Selektionsvorteil, jeder davon wegführende Selektionsnachteil.

Diese Vorstellung wäre richtig, wenn es ähnliche Wechselwirkungen (abgesehen von recht allgemeinen) zwischen Aminosäuren und Nukleotiden wie zwischen den Nukleotiden selbst gäbe, wenn sich Aminosäure- und Nukleotidsequenz gegenseitig, in der gleichen Weise bedingen würden, wie dies bei Nukleotiden untereinander der Fall ist. Am ehesten könnte man sich eine Entwicklung nach derartigen Prinzipien, die ohne ausgedehnte Verknüpfung von Funktionen und ohne Stoffwechsel auskäme, bei Systemen mit virenähnlicher Organisation vorstellen. Doch direkte, den einzelnen Untereinheiten eigene Wechselwirkungen zwischen Nukleinsäuren und Peptiden sind bisher nicht gefunden worden (s. z. B. *K. W. Kaplan*, 1972, S. 160 f.). Wie die Molekularbiologie zeigt, muß die Information der Nukleinsäure erst über das Zusammenwirken von weiteren Nukleinsäuren und Proteinen, von Adaptoren und Kopplungsfaktoren, wie dieselben auch genannt werden, für eine Peptidsynthese verwertbar gemacht werden. Der Bauplan dieser Faktoren muß aber wieder in der Nukleinsäure verankert sein.

Wie wir wissen heften sich an je drei Nukleotide der Nukleinsäure kurzkettige, durch interne Wechselwirkung ihrer eigenen Nukleotide streckenweise gepaarte und damit weniger dem Zerfall ausgesetzte Nukleinsäuren an. Spezifische Proteine, die Kopplungsfaktoren, ordnen diesen kurzkettigen Nukleinsäuren spezifisch die einzelnen Aminosäuren zu, die in der Folge zum Protein verbunden werden. Nukleinsäuren und Aminosäuren werden von den Kopplungsfaktoren auf Grund ihrer Struktur und Ladungsverteilung erkannt und miteinander verknüpft.

Eine chemische Evolution, die allmählich zur biologischen überleitet, kann sich auf Grund der aufgefundenen Zusammenhänge und Daten nur in einem Prozeß verwirklicht haben, in dem 1) Nukleinsäuren erst nach und nach eine genaue Aminosäuresequenz festzulegen imstande waren und 2) in dem ein an einer Nukleinsäure gebildetes Protein nur indirekt auf die Nukleinsäure einwirkt, an der es gebildet wurde, nämlich nur über die Beeinflussung anderer Nukleinsäuren und deren Rückwirkung der an diesen gebildeten Proteine auf die erste Nukleinsäure.

Man kann sich vorstellen, daß aus den am Anfang vorhandenen Nukleotiden und Aminosäuren sich zufallsverteilt Nukleinsäuren, Peptide und Aminosäure-Nukleinsäure-Verbindungen bilden. Die Zufallsverteilung wird weniger streng sein, wenn etwa mineralische Katalysatoren an ihrer Bildung beteiligt sind. Weiter kann man sich den Verlauf der Evolution der Nukleinsäuren in zwei miteinander verknüpften Entwicklungsspiralen vorstellen, die selbst wieder von der Evolution der Proteine abhängig sind.

Erstens haben Nukleinsäuren (Art a) Selektionsvorteil, die durch angelagerte Proteine geschützt sind, zweitens Nukleinsäuren (Art b), die durch eine möglichst große Anzahl innermolekularer Wechselwirkungen ausgezeichnet sind, und drittens vermögen

Proteine die Kopplung von bestimmten Aminosäuren mit der zweiten Gruppe von Nukleinsäuren (Art b) zu begünstigen. Die ersten Nukleinsäuren mögen noch kurzkettig, die Zahl der verschiedenen Aminosäuren kleiner als heute gewesen sein.

Durch erste Anlagerung von Aminosäure-Nukleinsäure-(Art b)-Verbindungen an Nukleinsäuren (Art a) und „Ablesung" der Sequenzen durch Verknüpfung der Aminosäuren zu Proteinen entstünden wieder Proteine, die um so weniger eine zufallsverteilte Sequenz aufwiesen, als die Proteine der vorigen Generation die Kombination bestimmter Aminosäuren (z. B. saurer, basischer, polarer, apolarer) mit Nukleinsäuren (Art b) begünstigten.

Die neuen Proteine dominierten über die schon vorhandenen, da sie in mehreren oder vielen ähnlichen Exemplaren an mehrfach vorhandener Nukleinsäure (Art a) synthetisiert werden. Es sollten Proteine entstehen, die die Funktion der vorhergehenden Proteingeneration in den zwei Entwicklungsspiralen besser erfüllen, d. h. Selektionsvorteil bringen (vgl. Abbildung 5 a).

Selbstverständlich vermögen entstehende Proteine auch die Genauigkeit der Ablesung zu begünstigen und wieder die Replikation der Nukleinsäuren (Art a und Art b).

Da man annehmen kann, daß immer wieder Verbesserungen im Hinblick auf die Replikation der sich exponentiell vermehrenden Nukleinsäuren eintreten werden, ergibt sich im Ganzen gesehen ein hyberbolischer Verlauf der Evolution.

Nach vielen Umläufen ist das System in der Lage, die Nukleotidsequenzen genau in Aminosäuresequenzen zu übersetzen. Viele der entstehenden Peptide sind auf Grund ihrer Entstehungsgeschichte mit anderen Nukleinsäuren verknüpft. Es entstehen Ketten von Beziehungen zwischen Peptiden und Nukleinsäuren und wieder Peptiden. Stehen Nukleinsäuren und Peptide von entfernten Kettengliedern miteinander in Beziehung, so entstehen in sich geschlossene Zyklen mit eindeutigem Selektionsvorteil gegenüber nicht den Zyklen angehörenden reproduktiven Einheiten (vgl. *M. Eigen* und *R. Winkler*, 1973, S. 128).

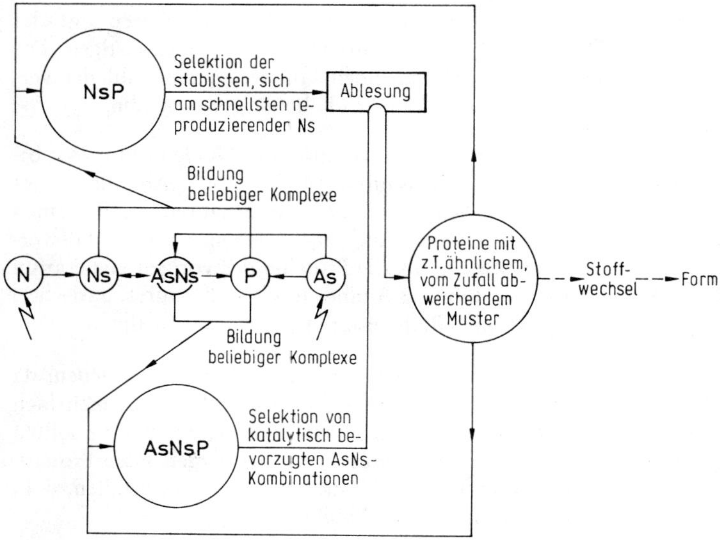

As = Aminosäure
N = Nukleotid
Ns = Nukleinsäure
P = Peptid, Polypeptid, Protein
AsNs = Verbindung zwischen As und Ns
AsNsP = Komplex zwischen AsNs und P
NsP = Komplex zwischen Ns und P

Abb. 5 a. Die Einengung des Zufalls bei der chemischen Evolution

Vorausgesetzt wird die spontane Bildung von Nukleinsäuren (der Einfachheit halber von Ribonukleinsäuren), Aminosäuren und Aminosäure-Nukleinsäure-Verbindungen, die Selbstreproduktion der Nukleinsäuren und die Anlagerung von Aminosäure-Nukleinsäure-Verbindungen an Nukleinsäuren zur Proteinbildung.

1) Einige Nukleinsäuren, die durch Proteine stabilisiert werden (Schutz vor Zerfall, schnellere Reproduktion), vermehren sich schneller als andere.

2) Diese Nukleinsäuren werden durch Aminosäure-Nukleinsäure-Verbindungen häufiger als die weniger zahlreichen anderen, aber noch recht ungenau abgelesen (Proteinsynthese), da sich Aminosäure-Nukleinsäure-Verbindungen noch ziemlich beliebig bilden. (Mineralische Katalysatoren

können aber schon zuvor die Richtung der Evolution durch Begünstigung der Bildung bestimmter Proteine oder Aminosäure-Nukleinsäure-Verbindungen beeinflußt haben.)

3) Einige der in 2) entstandenen Proteine stabilisieren einige Nukleinsäuren aus 1) oder fördern die Bildung einiger bestimmter Aminosäure-Nukleinsäure-Verbindungen.

4) Die Ablesung der Nukleinsäure aus 1) wird durch die Prozesse von 3) weniger zufallsbedingt. Stabilisierte Nukleinsäure wird öfter abgelesen. Entsprechungen in den Sequenzen von Nukleinsäure und Protein werden durch weniger zufällig sich bildende Aminosäure-Nukleinsäure-Kombinationen häufiger.

5) Die Schritte 3) und 4) werden oftmals wiederholt. Mit der Zeit entstehen ausschließlich bestimmte Aminosäure-Nukleinsäure-Verbindungen. Die Ablesung stabilisierter Nukleinsäure wird perfekt. (Letztere sollte auch die Information für die Nukleinsäure aus den Aminosäure-Nukleinsäure-Verbindungen enthalten.)

6) Mutationen in der Nukleinsäure werden nun eindeutig in die Proteinsequenz übersetzt.

7) Weder die Nukleinsäuren noch die Proteine sind am Ende der Entwicklung dieselben wie am Anfang. Proteine stabilisieren Nukleinsäuren, die mit ihrer Bildung selbst nichts zu tun haben. Sie stehen nur über Ketten von Nukleinsäuren und Proteinen mit der codierenden Nukleinsäure in Verbindung (s. Abb. 5b).

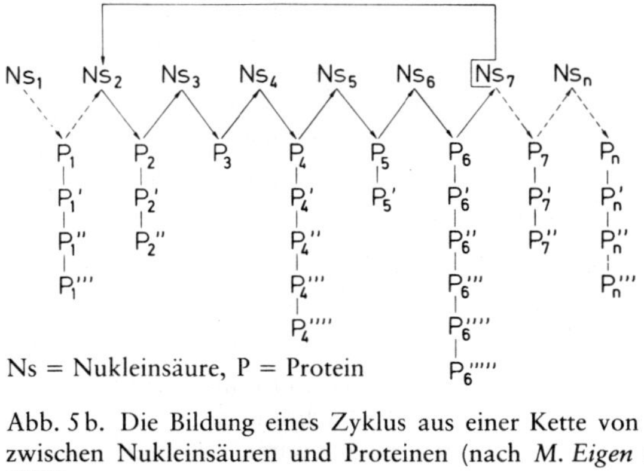

Ns = Nukleinsäure, P = Protein

Abb. 5b. Die Bildung eines Zyklus aus einer Kette von Abhängigkeiten zwischen Nukleinsäuren und Proteinen (nach *M. Eigen* und *R. Winkler* 1973)

Mutationen in den Nukleinsäuren werden nun in den Proteinen manifest, in Proteinen, die Nukleinsäuren schützen und reproduzieren, Aminosäuren Nukleotidsequenzen zuordnen und Stoffwechselfunktionen übernehmen. Eine „Artbildung“ könnte schon auf dieser Stufe eingesetzt haben. Mutationen, die zum Ausfall eines die Kette verknüpfenden Proteins führen, werden für die gesamte zu einem Zyklus zusammengeschlossene Kette tödlich.

Die weiteren Schritte von der ersten sich selbst organisierenden Einheit, die auf zufällig anfallende energiereiche Verbindungen angewiesen ist, über Protobionten zur Selbstorganisation mit eigenem Energie- und Stoffwechsel und schließlich Reizbarkeit sind im einzelnen kaum mehr vorstellbar. Die dazu nötigen zusätzlichen Bausteine waren aber vorhanden. Eine Voraussetzung war zumindest, daß sich das System während seiner Entstehung selektiv, Diffusionsschranken aufbauend, mehr und mehr von seiner Umgebung abgekapselt hat. Wege dazu sind bei *R. W. Kaplan*, 1972, S. 109f. zusammengestellt.

Man kann sich aber vorstellen, daß durch Vereinigung verschiedener Systeme neue, erfolgreichere entstanden sind. Auf fortgeschrittener Stufe der Evolution könnte dies, wie vielfach vermutet wird, durch das Einwandern von blaualgen- und bakterienartigen Organismen, die als Plastiden und Mitochondrien auf uns gekommen sind, in lebende Plasmaklümpchen, Organismen unbekannter Organisation, erfolgt sein. Ribosomen könnten die fortentwickelten, ersten Einheiten sich selbst reproduzierender Systeme gewesen sein. Trennten sich bei der Vermehrung Einzeller nicht mehr voneinander, so war die Möglichkeit gegeben, daß durch stoffliche, wechselseitige Beeinflussung sich die einzelnen Zellen unterschiedlich entwickelten (s. S. 87).

Wie es auch sei, einzelne Schritte und der historische Zufall lassen sich nicht rekonstruieren, wohl aber die Gesetzmäßigkeiten, nach denen sich das Werden belebter Materie vollzogen haben könnte.

In der Theorie von Mutation und Selektion mußte lediglich eine Theorie integriert werden, die die Beobachtungen verknüpfte, daß die Grundbausteine organischer Substanz unter bestimmten Bedingungen entstehen können, daß unter ihnen Moleküle sind, die auf

Grund von Struktureigenschaften sich selbst kopieren und andere über einen komplexen Mechanismus organisieren können.

Daß aber die klassische Theorie erweitert werden konnte und gleichzeitig dadurch gefestigt wurde, daß viele frühere Beobachtungen eine nun fast selbstverständlich erscheinende Erklärung fanden, ist den Fortschritten eines zunächst weitab von evolutionärer Fragestellung entfernten Forschungsgebietes zu verdanken. Noch während um eine allgemeine Anwendbarkeit der Theorie der biologischen Evolution und deren Weiterentwicklung zur Erklärung neuer Sachverhalte gerungen wurde, machte die der Mikrobiologie entwachsende molekulare Biologie die entscheidenden Beobachtungen.

Daß diese Beobachtungen nicht nur in Fragen der Phylogenese, sondern auch in solchen der Ontogenese, der zweiten großen Theorie der Biologie, zu einer umfassenden Erklärung führten, verweist auf die Bedeutung, die die molekulare Ebene für biologische Theorien hat, welche Möglichkeiten der Erklärung sie birgt. Zudem verweisen die Beobachtungen auf die enge experimentelle und theoretische Verflechtung der verschiedensten Forschungsgebiete, die bei der Grundlagenforschung gegen die Möglichkeit einer allgemeinen Forschungslenkung spricht.

An dieser Stelle soll nochmals darauf hingewiesen werden, wie umfassend die Erklärungsmöglichkeiten der heute 120 Jahre alten Theorie von Zufall und Selektion sind. Nicht allein biologische und chemische Evolution finden in ihren Gesetzmäßigkeiten Erklärung, sondern auch die Bildung einer Theorie selbst (s. S. 60).

2. Ontogenese

Prinzipien der Regulation · Epigenese · Präformation · Lösung der Widersprüche · Lücken der Erkenntnis

Die materiellen Bedingungen für Phylogenese und Ontogenese sind die gleichen, Nukleinsäuren und Polypeptide, kleine organische und anorganische Moleküle, mehr oder weniger locker oder fest an die Polypeptide gebunden, erweitern das Spektrum der Proteinwirkung.

Die durch den Prozeß der Evolution „präformierte", in der Sequenz der Nukleotide von Desoxyribonukleinsäure (DNS) festgelegte und an jede Zellgeneration weitergegebene Information wird auf die Nukleotidsequenz der sich an der DNS bildenden Ribonukleinsäure (RNS) übertragen und anschließend über die bekannten Mechanismen in die Aminosäuresequenz der den Zellkörper aufbauenden und umformenden Proteine und Enzyme übersetzt. Die zu einem Polypeptid, Protein oder Enzym nötige Information ist in der Nukleotidsequenz eines Gens enthalten.

Einmal gebildete Proteine wirken spezifisch auf Gene oder Gengruppen (vielleicht die Nachfahren der ersten sich selbst reproduziernden Systeme) zurück, genaktivierend oder inaktivierend, die Informationsweitergabe ermöglichend oder unterbindend. Kleine Moleküle, die selbst wieder Produkte der Enzyme sein können, aber auch dem System nicht unmittelbar anzugehören brauchen, variieren fördend oder hemmend Protein- und Enzymwirkung. Der jeweilige Zustand einer Zelle, eines Zellkompartiments oder auch eines ganzen Organismus im Hinblick auf diese Regulationsmechanismen, die für Energie- und Stoffwechsel und über diesen letztlich für Formwechsel und Vermehrung verantwortlich sind, wird durch das Verhältnis der gerade aktiven Gene und von der Qualtiät und Quantität der Proteine und kleinen Moleküle bestimmt. Diese ist zu keinem Augenblick das gleiche. Der Zustand einer Eizelle ist durch das bei ihrer Bildung zurückgelassene Verhältnis der Bausteine determiniert, polarisiert durch unterschiedliche Verhältnisse in ihren Teilen. Jedes Buch der allgemeinen Biologie informiert heute über die verschiedenen Möglichkeiten und Mechanismen der Regulation. Werden diese einfachen Bausteine der Regulation miteinander verknüpft, so lassen sich auch kompliziertere Stoffwechselmuster, wie sie zur Ausbildung der individuellen Form nötig sind, simulieren, erklären. Am konkreten Beispiel muß geprüft werden, ob und wie das Arsenal der an Bakterien erarbeiteten molekularbiologischen Modelle und Begriffe jeweils ausreicht, ob und wie sich die

Regulationsmechanismen von höheren Organismen und Bakterien entsprechen. Die Universalität des Informationsspeichers und der Informationsübertragung lassen dies vermuten. Die bei höheren Organismen stärkere Wechselwirkung der Gene untereinander, in den als Polyphänie und Polygenie benannten Sachverhalten lange bekannt, die nicht lineare Anordnung von Genen eines Stoffwechselweges, die lange Generationsdauer sind Hindernisse, die eindeutige Nachweise beschwerlich machen.

Ein hübsches spielerisches Modell, das Formbildung als Ergebnis der Wechselwirkung von Genaktivität und Regulationsmechanismen zeigt, findet sich bei *C. Bresch* (1964, S. 265). Wir übernehmen es hier mit freundlicher Genehmigung von Autor und Verlag (Abb. 6).

Abb. 6. Formbildung auf Grund von Regulationsmechanismen (s. *C. Bresch*, 1964, S. 265).

Wir gehen aus von einem flächenhaften Verband gleicher Zellen (Typ 0). Durch ein Zufallsereignis wird eine der Zellen (1) ausgezeichnet. Die in allen Zellen anwachsende Wahrscheinlichkeit für eine zufällige Änderung anderer Art (2) wird durch einen von (1) ausgesandten Hemmstoff verkleinert. Änderung (2) wird also diametral von (1) erfolgen. Zelltyp (2) verhindert den Übergang weiterer Zellen in Typ (2).

Unser Zellverband hat eine Symmetrieachse und eine oben-unten-Alternative gewonnen.

Zellen vom Typ (2) teilen sich eine Zeitlang schneller, besonders auf der dem Zentrum abgewandten Seite. Es entsteht eine Auswölbung.

Zelltyp (2) sendet einen langsam, Zelltyp (1) einen schnell diffundierenden Stoff. Alle *Außen*zellen des Verbandes, die beide Schlüssel empfangen, werden zu Sonderzellen vom Typ (3). Dieser wächst schnell nach außen, möglichst weit vom Zentrum weg.

Auch Ontogenese, die Theorie von der Individualentwicklung, hat ihre bis ins Altertum zurückzuverfolgenden, durch *Aristoteles* überlieferten Vorläufer. Erst spät, nur wenig vor den ersten Versuchen, das Dogma von der Konstanz der Arten aus dem Denken der Biologie zu verdrängen, wurden diese, zwar mit neuen Details versehenen, aber bislang unwidersprochenen Lehren in Zweifel gezogen. Zu der alten Epigeneselehre, der Lehre vom allmählichen Werden eines Organismus, trat die Präformationslehre (*M. Malpighi* 1628–1694). Hatte man bisher das Ei als strukturlos flüssige Masse angesehen, aus dem sich durch das Wirken der die spätere Form als Idee vorwegnehmenden Entelechie der Organismus mit seinen Teilen entwickelt, so nahm man nun an, daß der ganze Organismus bereits vorgebildet im Ei vorläge und sich beim Wachsen des Organismus lediglich entfalte. In der Besamung sah man den die Entfaltung auslösenden Faktor. Diese Auffassung entstand in einer Zeit, in der durch das Mikroskop in den verschiedensten als strukturlos angesehenen biologischen Materialien die erstaunlichsten Strukturen entdeckt wurden. Eine Variante der Präformationslehre verlegte den vorgebildeten Organismus in die neu entdeckten Spermien und sah im Ei nur das nährende Medium.

Die Auffassungen blieben kontrovers. Sowohl Epigenese als auch Präformation waren mit den vorherrschenden Lehrmeinungen vereinbar, Epigenese mit der Lehre von der Urzeugung, Präformation mit der Schöpfungslehre. Die vorliegenden Beobach-

---

Eine weitere Veränderung zu Sonderzelle (4) tritt in solchen *Außen*zellen ein, die die nun von den Armansätzen und dem Nabel ausgehenden Stoffe erhalten. Auch diese Sonderzellen wachsen nach außen.

An Armen und Beinen entstehen Verdickungen, wenn die Konzentration eines vom Körper (Zelltyp 0) gebildeten Stoffes eine untere Konzentrationsgrenze erreicht hat.

Schließlich verändert sich der Scheitel, und wie Arme und Beine, so werden Ohren gebildet. Ein Mund entsteht durch gemeinsame Wirkung von Scheitel und Körper; von Mund und Scheitel wird die Nase und von Scheitel, Nase und Ohren werden schließlich die Augen induziert.

Durch Differenzierung ist eine Architektur des Organismus entstanden.

tungen ließen sich mit jeder der Hypothesen deuten, waren sie doch Beleg für jede.

Mittlerweile wurde die Ähnlichkeit von Embryonalstadien höher organisierter Tiere mit adulten Stadien von Tieren niedrigerer Organisation (*J. E. Meckel,* 1781–1833) oder deren Embryonalstadien (*K. E. v. Baer,* 1792–1876) beschrieben und die gefundenen Regeln im Biogenetischen Grundgesetz (*E. H. v. Haeckel,* 1834–1919) niedergelegt. Wohl erst die Verbindung zur Abstammungslehre, die Erklärung nicht mehr in zweck- und zielgerichtetem Werden, sondern in einem Ursache-Wirkungszusammenhang suchte, führte zu einer theoretischen Weiterentwicklung, einer einheitlichen Deutung der Beobachtungen. Später zeigte sich, daß beide Hypothesen in gewisser Weise Richtiges behauptet hatten. Zytologische Entdeckungen, Kern, Chromosomen, sprachen für Präformation, Befunde der experimentellen Embryologie für Epigenese.

Der Beginn einer experimentellen Embryologie ist mit *W. Roux* (1850–1924) anzusetzen, der sich die Aufgabe stellte, zur Erklärung der Ontogenese eine „rein mechanische, rein physikalisch-chemische Theorie" aufzustellen (s. *L. v. Bertalanffy* 1928). Seine Experimente bringen ihn in Übereinstimmung mit *A. Weismann* (1834–1914) zu der Auffassung, daß bei jeder Furchung, das in der Zygote vorhandene generative Keimplasma (die Summe der Determinanten) ungleich verteilt wird, bis Zellen nur noch eine, für sie spezifische Eigenschaft, eine Determinante besitzen. Regenerationserscheinungen werden mit der gleichmäßigen Verteilung sogenannten somatischen Keimplasmas gedeutet. Durch Verteilung der Determinanten, der Determinationsfaktoren ist die Entwicklung festgelegt; Realisationsfaktoren wie Wärme und Schwerkraft lösen dieselbe aus oder modifizieren sie. Entwicklung zu einem Ganzen vollzieht sich aber in der Wechselwirkung der einzelnen, unterschiedlich determinierten Zellen und Teile, im „Kampf der Teile".

In der Unterscheidung zwischen Mosaikeiern (erste Versuche von *Roux*), Eiern, bei denen das Schicksal der Zellen schon vor der ersten Furchung festliegt, und Regulationseiern, bei denen die Zellen der ersten Furchungsstadien noch äquipotent sind (*H.*

Driesch, 1867–1941) klingen noch die Lehren von Präformation und Epigenese nach. Mit den Ergebnissen von Untersuchungen zur Regeneration nach Abschnürung und Transplantation von Keimbereichen, wie sie von *H. Spemann* (1869–1914), seinen Schülern und anderen Forschern an verschiedenen Objekten ausgeführt wurden, verliert sich dieser Gegensatz allmählich. Die Ergebnisse können einheitlich mit der Annahme gedeutet werden, daß sich im Verlauf der Furchung und Zellteilung fortschreitend undeterminierte Keimbezirke in determinierte umwandeln. Nur der Grad und der Zeitpunkt der Determination ist jeweils verschieden. Unter der Einwirkung eines Induktionszentrums – bei Amphibien der dorsale Teil des Urmundes der frühen Gastrula – differenziert sich der Keim; die differenzierten Gewebe werden zu neuen Induktionszentren. Was Induktion bewirkt, hängt nicht nur vom induzierenden Gewebe und dessen physiologischem Alter ab, sondern auch vom Entwicklungszustand des von der Induktion betroffenen Gewebes und von der Dauer des Kontaktes. Wird die Entwicklung nicht gestört, so vollzieht sie sich in einem geregelten, sich selbst regelnden Aufeinander von Induktionen.

Die Äquipotenz mancher Zellen und die Ergebnisse der Zytologie zur Kernteilung hatten *Roux* bereits zur Aufgabe der Annahme ungleicher Verteilung generativen Keimplasmas gezwungen. Als es nun auch gelingt zu zeigen (*J. Holtfreter*, 1932), daß nicht nur abgetötetes oder artfremdes Gewebe, sondern auch anorganische Substanzen in der Lage sind, Entwicklungen zu induzieren, kann kein Zweifel mehr sein, daß Induktion stofflicher Natur ist. Differenzierung läßt sich auf die Wirkung organbildender Stoffe zurückführen, die aktivierend auf Gene einwirken (vgl. *R. Goldschmidt,* 1927, s. *L. v. Bertalanffy*, 1928, S. 129). Der Einfluß von Hormonen wird vermutet. Später werden auch Proteine und Nukleinsäuren als induzierende Substanzen nachgewiesen (s. *E. Bandlow,* 1970). Heute finden alle diese Beobachtungen und Vermutungen in den Ergebnissen der Molekularbiologie zwanglos eine Erklärung. Die Epigeneselehre hat ein naturwissenschaftliches Fundament bekommen.

Das Problem der Determination stellte sich in der Botanik nicht so offen wie in der Zoologie. Die Äquipotenz pflanzlicher Zellen war augenfälliger. Aus abgeschnittenen und verletzten Pflanzenteilen entsprossen neue Pflanzen, Sprosse, Blätter und Wurzeln. Seitensprosse werden beim Verlust des Gipfels zu Gipfelsprossen und der Einfluß von anderen Organismen läßt Gallen entstehen. Die Vermutung, daß Stoffe organbildend wirken, wird schon früh ausgesprochen. *J. W. v. Goethe* (1749–1832) führt, wenn auch mit Blick auf ein anderes Ziel (s. Metamorphose der Pflanzen), Organumgestaltung auf Nährstoffgradienten zurück, *J. Sachs* (1832–1897) vermutet blütenbildende Stoffe (s. *K. Mägdefrau*, 1973), und *Ch. Darwin* (1809–1882, s. 1958, S. 32) führt Pflanzengallen auf chemische Veränderung des Zellsafts zurück. Der erste Nachweis eines morphogenetisch wirksamen Stoffes wurde 1926 (*F. W. Went*) ermöglicht. Heute sind eine Reihe derartiger Stoffe bekannt.

Der Sachverhalt, daß pflanzliche Entwicklung weit mehr als tierische von äußeren, meßbaren Faktoren (Licht, Schwerkraft, Wärme, Feuchtigkeit, chemische Substanzen) beeinflußbar war und weniger erregende Differenzierungen hervorbrachte, engte, – vielleicht neben Auffassungen wie der, daß Pflanzen „selbst kein Leben" haben (*F. W. J. Schelling*, 1775–1854, s. 1907, S. 591) – den Raum für Spekulationen über pflanzliche Ontogenese ein.

Zur Zeit ist der Mechanismus der durch Licht bedingten pflanzlichen Morphogenese bevorzugter Forschungsgegenstand der Entwicklungsphysiologie der Pflanzen. Fast möchte man vermuten, daß die eingehendere Beschäftigung mit pflanzlicher Entwicklung den schnelleren Weg zu einer Theorie ohne metaphysischen Ballast gewiesen hätte. Doch die wissenschaftliche Motivation, ohne den Reiz metaphysische Spekulationen durch den Aufweis der kognitiven Grenzen unanfechtbar zu machen, schien gering.

Der Weg zu den heutigen Theorien war keinesfalls nur annähernd so konsequent und gradlinig wie dargestellt. Er wurde auch keineswegs bis in alle Verzweigungen verfolgt. Die Rückschau erst läßt erkennen, welche Vorstellungen andeutungsweise die Richtung durch metaphysisches Dickicht zu den heutigen Theorien wiesen und wie die verschiedensten Hypothesen abgewandelt und präzisiert wurden. Nach und nach erst verloren diese durch zahlreiche Experimente und genaue Beobachtung unzähliger, nicht aufzählbarer Naturwissenschaftler mehr und mehr nicht belegbare, nicht operationalisierbare Bestandteile.

Mit den Befunden und den Regulationsmodellen der molekularen Biologie kann die Frage „Warum?", die Frage nach der Ursache, beantwortet werden. Dieses Mal zeigt, auf den Einzelfall bezogen, die Frage „Was ist?" die Lücken unserer Erkenntnis auf (vgl. S. 10, 41). Vermutlich ist das der Grund, weswegen man *Sagredo* (*G. Galilei:* Dialog über die beiden hauptsächlichsten Weltsysteme. in *W. Heisenberg* 1956, S. 68) immer noch sagen hört: „Ihr habt mir alles so klar, so augenfällig gezeigt, stünde nicht der Text des *Aristoteles* entgegen, man sähe sich zu dem Zugeständnis gezwungen, daß Ihr Recht habt".

VI. Rückblick, Grundbedingungen der Erkenntnis, Folgerungen

Mensch und Erkenntnis · objektives und wertendes Urteil · Sprache · der Erkenntnisprozeß · die nie abgeschlossene Erkenntnis · das große Schweigen

Eine erste, eigentlich selbstverständliche, aber deshalb meist aus dem Blick geratene Bedingung für Erkennntis ist der Mensch selbst. Erkenntnis existiert nur durch ihn und erlischt mit ihm. Erkenntnis wird von Menschen geschaffen, von ihm für seine Zwecke angewandt, und er bestimmt die Methoden der Erkenntnisfindung. Unabhängig vom Menschen existieren allein die Gesetze der Natur. In seinen Theorien findet er diese Gesetzmäßigkeiten wieder, und sie ermöglichen es ihm, sich der Umwelt immer lückenloser anzupassen, plastischer anzupassen, als durch Individuen zerstörende Mutationen und Auslese. Der Auffassung *H. Dinglers* (1881–1954, s. 1949, S. 70), der in Theorien nur Konstruktionen „zum Zwecke der geistigen und manuellen Bewältigung der Wirklichkeit" sieht, die aber „mit der wirklichen Welt nicht das geringste zu tun" haben, könnte nicht widersprochen werden, wenn die Theorien, die entsprechend seinen Vorstellungen ihre Sicherheit nur ihrer Realisierbarkeit verdanken, nicht auf erkennbare Sachverhalte und Gegenstände der Natur zurückgingen und nicht in steter Wechselwirkung mit diesen gebildet würden. Es gibt keine realisierbaren Theorien, die nicht ihre Entsprechung in den Gesetzmäßigkeiten der Natur hätten. Jede auf einem anderen Erfahrungszusammenhang gegründete Theorie, und sei sie noch so „kritisch", kann beliebig mit einer anderen ausgetauscht werden.

Zunehmende Erkenntnis hat den Menschen enthoben, Gegenstände und Sachverhalte nur so zu sehen, wie Erwartungshaltung und elementare Bedürfnisse sie ihm darbieten. Jede realisierte Theorie hinterläßt Methoden, um Gegenständen und Sachverhalten neue, objektive Aspekte abzugewinnen. Er sieht die Grenzen dieser Methoden und damit die Grenzen der Erkennbarkeit von Gegenständen und Sachverhalten. Wenn er schließlich seine Methoden auf sich selbst überträgt, betritt er einen Weg, der zur objektiven Erfüllung der Forderung des Weisen *Cheilon* führt: „Erkenne dich selbst!"

An objektiver Erkenntnis scheiden sich objektives und ideologisches Urteil, belegbare und nicht belegbare Theorie. Objektive Erkenntnis ist der wirksamste Schutz gegen Indoktrination. Ideologien stürben an Auszehrung, verstünden sie es nicht immer wieder, ihre Anhänger in Erwartung von Teilhabe an Glück und Macht gegen objektives Erkennen zu immunisieren. Ideologien ändern keine Naturgesetze, wohl aber die Kenntnis von denselben und ihren Folgerungen. In seinem Buch „Zufall und Notwendigkeit" geißelt *J. Monod* (1910–1976) das in Politik und Gesellschaft und selbst bei Wissenschaftlern außerhalb ihres eigenen Experiments verbreitete aktive oder passive Unvermögen, objektive von wertenden Urteilen zu trennen, ein Unvermögen, das zu „schlimmstem Unsinn" und „frevelhaftester Lüge" führt (1975, S. 153). Wenn Werturteile nicht zu umgehen sind, müssen sie doch zumindest als solche gekennzeichnet sein und die Gründe offenlegen, auf die sie sich berufen. Liegt eine verläßliche Abschätzung der Gefahren einer Realisierung von Theorien außerhalb des derzeitigen Aussagebereichs dieser Theorien, so schleichen sich Werturteile nur zu leicht in die Argumentation ein. Kaum einem Naturwissenschaftler und nicht der Gesellschaft wird bewußt, daß er dann als Privatperson und nicht mehr mit der Stimme der Naturwissenschaft spricht.

Werturteile müssen formuliert werden, sobald durch objektive Erkenntnis Anpassungs- und Ausleseverfahren der Natur außer Kraft gesetzt werden können, um objektivem Urteil eine Richtung zu geben, zur Erhaltung der Erde als Lebensraum, zur Rückgewinnung ökologischer Gleichgewichte, zur Verwirklichung menschlicher Freiheit, zur Vermeidung von sinnlosem Leid und gewaltsamem Tod.

Das Minimum von Gemeinsamkeit, das allen Weltanschauungen, Religionen und Heilslehren zu eigen ist, genügte, um ein gemeinsames Ziel zu weisen. Man kann sich selbstverständlich auch dagegen aussprechen, zur Erreichung kurzfristiger, verlockender und egoistischer Ziele. Doch wenn es so etwas wie einen über das Individuum in die Zukunft weisenden Selbsterhaltungstrieb gibt, so kann nur Verblendung und Unwissen die Einsicht verhindern, daß der Entscheidende und die ihm folgenden Generationen letztlich von allen Folgen der Entscheidung eingeholt werden.

Aufrufe zur Objektivität (vgl. auch *Mohr,* S. 68 f.) sind um so begründeter, als das Überleben der Menschheit offensichtlich von objektiven Entscheidungen abhängt. Diese Erkenntnis beginnt sich aber auch nach den durch naturwissenschaftliche Erkenntnis ermöglichten und durch ignorante Auswahl derselben ausgelösten und auslösbaren Katastrophen der neuesten Zeit nur zögernd durchzusetzen.

Die technisierte Menschheit gleicht einem Heer von Zauberlehrlingen, denen die Herrschaft über die gerufenen Geister entgleitet und die nun ihrerseits von diesen beherrscht werden. *H. Marcuse* (1967) hat diesen Zustand eindringlich und treffend geschildert. Aber nicht die Änderung der Voraussetzungen der Naturwissenschaft, die es auf Grund der Entsprechung von Gesetzmäßigkeiten der Natur und der Theorie nicht geben kann, sondern die Bereitschaft, von den Voraussetzungen der Naturwissenschaft Kenntnis zu nehmen, sie zur Grundlage des Handelns zu machen und die unausweichlichen Folgen der Realisierung von Theorien zu kalkulieren, wird die Eskalation der Beherrschung unterbrechen, vielleicht rückgängig machen. Ergebnisse objektiver Erkenntnis gaben die Möglichkeit, ein gewordenes Gleichgewicht bis zur Lebensfeindlichkeit zu zerstören, objektive Erkenntnis ist nötig, um einen noch Leben, Freiheit und Erkenntnis erhaltenen Zustand zu schaffen und zu stabilisieren. Wie sollte der Mensch aber der objektiven Bewältigung weltweiter Probleme gewachsen sein, wenn Alltagsentscheidungen schon weitgehend ohne Kenntnis objektiver Kriterien fallen, wenn selbst die Voraussetzungen für objektive Entscheidungen unbekannt sind?

Wie weit objektive Erkenntnis mitgeteilt werden kann, hängt vom Bemühen um eine eindeutige Sprache ab. Die in die Dimension der Sprache übertragenen qualitativ und quantitativ unterschiedlichsten Wahrnehmungen und Beobachtungen können erst durch eine allgemein verbindliche Definition dem realen, objektiven oder dem irrealen Bereich zugeordnet werden. Da Wörter zunächst nur mit undefinierten Wörtern definiert werden können, erlangt die naturwissenschaftliche Sprache – die Sprache, die zwischen den erkennbaren Gegenständen und Sachverhalten und dem erkennenden Menschen vermittelt – die notwendige Präzisierung durch stete Korrektur durch die Wirklichkeit. Unsere Erkenntnis reicht stets nur soweit wie unser sprachliches Ausdrucksvermögen. „Die Grenzen meiner Sprache bedeuten die Grenzen meiner Welt" (*L. Wittgenstein,* s. 1953, S. 150). Die Begriffe einer Sprache sind ein Maß für ihre Objektivität. Begriffe, in Anpassung an erkennbare Realitäten gebildet, verlieren ihren Sinn, wenn sie auf eine Realität angewendet werden, die Meßprozessen nicht mehr zugänglich ist. Das heißt, daß in diesem Fall auch logisch darauf aufbauende Begriffsverbindungen erkenntnisleer sind. Die wechselseitige Abhängigkeit von Sprache und Erkenntnis hat eine sehr eingehend untersuchte Entsprechung im Bereich der Biologie: Die gemeinsame, sich gegenseitig bedingende Evolution von Blüten und blütenbestäubenden Insekten.

Die durch das Medium Sprache zugängliche Erkenntnis und Erklärung der realen Welt ist das Ergebnis eines Prozesses, der von der Wahrnehmung und Beobachtung ausgeht, diese mitteilbar macht, verknüpft, erweitert und überprüft und in der Überprüfung schließlich wieder zur Beobachtung zurückkehrt. Die Verknüpfung von Beobachtung und Theorie ist aber kein Zirkel sondern eine Spirale. In der Sprache der Kybernetik wäre der Wissenserwerb ein sich selbst regulierender Prozeß mit positiver Rückkopplung. Da dieser Prozeß, mit dem die Umwelt durch den Zyklus Beobachtung, Deskription und Theorie immer genauer abgestastet und registriert wird, Voraussetzung für Erkenntnis ist, können Teile derselben wie bloße Beschreibung oder Hypothesenbildung nicht als Erkenntnis angesehen werden.

Eine Theorie von Teilen und vom Verlauf des Erkenntnisprozesses wurde auf den vorausgehenden Seiten entworfen. Sie ist eine Theorie von den naturwissenschaftlichen Theorien, vom Zustandekommen objektiver Erkenntnis und denselben Kriterien unterworfen wie diese selbst. Mit dieser Theorie sind auch die Grenzen für Spekulationen, der Hypothesenbildung im naturwissenschaftlichen Bereich abgesteckt. Naturwissenschaftliche Spekulationen müssen prinzipiell einem Experiment zugänglich sein. Man muß sich vorstellen können, daß eine Methode zur Überprüfung gefunden werden kann. Andernfalls sind Spekulationen für die Naturwissenschaft und Technik sinnlos*. Viele Theorien wie Evolutions-, Vererbungs- oder Relativitätstheorie waren oder sind zu Beginn wegen fehlender experimenteller Daten weitgehend spekulativ, doch sie enthalten die Aufforderung und den Anreiz, Experimente zu ersinnen, die eine Entscheidung über richtig und falsch herbeiführen.

Anzahl und Reichweite der durch eine Hypothese ermöglichten Deduktionen entscheiden über die Fruchtbarkeit einer naturwissenschaftlichen Theorie, nicht das lautstarke Gehabe ihrer Adepten und die Menge derselben auf Kongressen, nicht die Anzahl der Lehrstühle, deren Vermehrung allen Gesetzmäßigkeiten der Evolution unterworfen ist. Der Fall *Lyssenko* ist nur eine ins Auge springende Illustration. Fruchtbare Theorien sind richtungsweisend für die Forschung. Sie markieren die Spitze von Gesetzeshierarchien. Die Beantwortung der Frage nach der Richtigkeit solcher Entwürfe bedarf deshalb der Belege für die Richtigkeit einer Vielzahl von mittleren, kleinen und kleinsten Hypothesen. Diese sind es, die den Alltag der Forschung bestimmen. Ohne sie wären nicht einmal Vorbereitungen für das einfachste Experiment möglich. Der Bezug zur übergeordneten Hypothese muß aber stets erkennbar bleiben.

Unser ganzes Tun und Handeln, auch außerhalb der Forschung, wird von Hypothesen vorgezeichnet. Ohne das ordnende Gerüst von Hypothesen und Theorien verlöre sich jede Beobachtung im chaotischen Nebeneinander von anderen.

Theorien sind nie ganz abgeschlossen, nie ganz beweisbar. Sie sind das Ergebnis eines fortgesetzten Spiels des Forschers gegen die Natur, seiner Strategien gegen mögliche Zustände der Natur

* Wenn *I. Newton* (1643–1727) sagte: „Hypotheses non fingo“, so meinte er, daß er nicht spekuliere, sondern von Beobachtungen ausgehe.

(*Leinfellner*, 1967, S. 17). Durch immer neue Beobachtungen und Deduktionen ist Erkenntnis in stetem Wandel begriffen; sie ist nicht für jede Zeit dieselbe, wenn auch nach und nach das Fundament millionenfach belegter und nicht durch konkurrierende

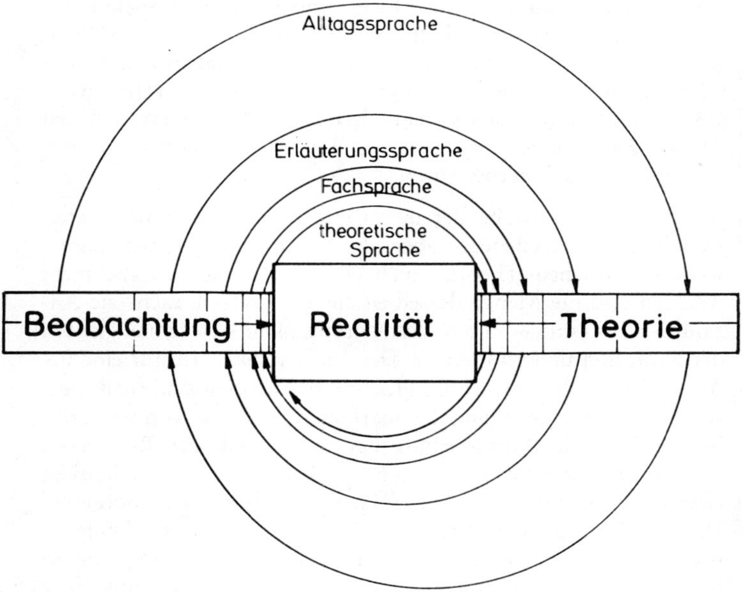

Abb. 7. Erkenntnisspirale. Verkürztes Schema der Beziehungen zwischen Beobachtung und Theorie, das aber den nie abgeschlossenen Erkenntnisprozeß verdeutlicht.

Durch das Wechselspiel von Beobachtung und Theorie wird, bedingt durch steigenden methodischen Aufwand, in stets kleiner werdenden Schritten die Realität in Beobachtung und Theorie immer genauer erfaßt. Gleichzeitig, als Voraussetzung dazu, präzisiert sich die Sprache. Alltags-, Erläuterungs- und Fachsprache oder theoretische Sprache sind willkürliche Zäsuren in einem kontinuierlichen Prozeß. Durch Erkenntnisse unserer Vorfahren und Zeitgenossen werden die Umläufe im individuellen Erkenntnisprozeß abgekürzt.

Theorien in Frage gestellter Theorien breiter und sicherer wird. Diese Theorien sind die Bausteine für neue Hypothesen. Formal und thematisch abgeschlossen sind Theorien nur, wenn man den Teil als Ganzes ansieht. Endziel ist es, alle Naturgesetze miteinander zu verbinden und die Natur lückenlos zu erklären. Es ist aber durchaus nicht ausgeschlossen, daß sich naturwissenschaftliche Erkenntnis nur einem Grenzwert nähert.

Der Sicherheit im empirischen Bereich steht das absolute Nichtwissen in anderen Bereichen gegenüber. Anspruch und Gültigkeit der Naturwissenschaft erlöschen dort, wo die naturwissenschaftlichen Methoden versagen, und gerade die Sicherheit in diesem einen Bereich zerstört alle Hoffnung auf Grenzüberschreitungen.

Das tragische Unvermögen, trotz ungeheurer Kenntnisse nicht mehr als nur einen Teil zu erkennen, findet bei *E. Schrödinger* (1887–1961 s. 1956, S. 125) fast poetischen Ausdruck, wenn er schreibt: „So schweigt sie (die Naturwissenschaft) auch, wenn es sich um die große Einheit handelt – das EINE des Parmenides –, an der wir alle irgendwie teilhaben, zu der wir gehören. Der gebräuchlichste Name für sie in unserer Zeit ist Gott. Die Naturwissenschaft wird sehr oft atheistisch gescholten. . . . Wenn ihr Weltbild nicht einmal blau, gelb, bitter, süß enthält – nicht Schönheit, Freude und Leid –, wenn alles Persönliche daraus methodisch entfernt ist, wie soll es da den erhabensten Gedanken enthalten, der dem Menschengeschlecht sich darbietet? . . . Die Naturwissenschaft weiß keine Antwort darauf. Dennoch ist sie heute das Beste, was wir an sicherem, widerspruchslosem Wissen haben können.“

Das Schweigen der Naturwissenschaft füllen die Stimmen der Metaphysik. In den Werken der Dichtung, Musik und der darstellenden Kunst sprechen sie am unmittelbarsten zu uns. So schillernd, irrational und von gegenseitiger Auslöschung bedroht diese auch sein mögen, sie sind es, die überhaupt Kunde von verschlossenen Bereichen geben, Kunde vom Sein und Werden einer Kultur. Am Sein oder Nichtsein ihrer Wahrnehmung scheiden sich letzten Endes Naturwissenschaftler und Golem.

Für die Naturwissenschaft, wenn auch nicht für den Naturwissenschaftler, haben die letzten Sätze keinerlei Bedeutung. Subjektive Lösungen sind Grenzüberschreitungen; sie sind überhaupt nur verständlich, mitteilbar, wenn das Muster der unbestimmten Begriffe zu denselben assoziativen Gedankenketten führt, die das Muster hervorriefen. Objektiv bleibt die Feststellung nicht hinreichend bekannter Bedingungen für eine objektive Entscheidung, die Ortung der Grenze zum Nichtwissen.

Literatur

Bandlow, E.: Philosophische Aspekte der Entwicklungsphysiologie der Tiere. VEB Fischer, Jena 1970.

Bertalanffy, L. v.: Kritische Theorie der Formbildung. Borntraeger, Berlin 1928.

Bertalanffy, L. v.: Theoretische Biologie I. Borntraeger, Berlin 1932.

Bresch, C.: Klassische und molekulare Genetik. Springer, Berlin 1964.

Bresch, C.: Zwischenstufe Leben. Evolution ohne Ziel? Piper & Co., München 1977.

Carnap, R.: Einführung in die Wissenschaftstheorie. Nymphenburger, München 1973.

Carson, R.: Der stumme Frühling. DTV, München 1968.

Darwin, C.: The origin of species. Mentor, New York 1958.

Dingler, H.: Grundriß der methodischen Philosophie, Winter, Füssen 1949.

Dittmer, K.: Allgemeine Völkerkunde. Vieweg, Braunschweig 1954.

Eigen, M. und *R. Winkler*: Ludus vitalis. Mannheimer Forum 73/74, Studienreihe Boehringer, Mannheim 1973.

Eigen, M. und *R. Winkler*: Das Spiel. Naturgesetze steuern den Zufall, Piper, München 1975.

Einstein, A.: Mein Weltbild, Ullstein, Frankfurt 1974.

Federmann, R.: Die königliche Kunst, Neff, Wien 1964.

Goethe, J. W. v.: Schriften zur Botanik. Wissenschaftslehre. DTV Gesamtausgabe Bd. 39, München 1973.

Hartmann, M.: Die philosophischen Grundlagen der Naturwissenschaft, de Gruyter, Berlin.

Heisenberg, W.: Das Naturbild der heutigen Physik. Rowohlts Deutsche Enzyklopädie Bd. 8, Hamburg 1956.

Heisenberg, W.: Der Teil und das Ganze. Piper, München 1969.

Hermann, A.: Die Wissenschaft im totalen Staat, Frankfurter Allgemeine, 4. 2. 1976, S. 27.

Jordan, P.: Die Physik und das Geheimnis des organischen Lebens. Vieweg, Braunschweig 1941.

Kaplan, R. W.: Der Ursprung des Lebens. Thieme, Stuttgart 1972.

Kraft, V.: Erkenntnislehre, Springer, Wien 1960.

Kolakowski, L.: Die Philosophie des Positivismus. Piper, München 1971.

Leinfellner, W.: Einführung in die Erkenntnis- und Wissenschaftstheorie, Wissenschaftsverlag, Mannheim 1967.
Lorenz, K.: Die acht Todsünden der zivilisierten Menschheit. Piper, München 1973 (a).
Lorenz, K.: Die Rückseite des Spiegels. Piper, München 1973 (b).
Mägdefrau, K.: Geschichte der Botanik. Fischer, Stuttgart 1973.
Marcuse, H.: Der eindimensionale Mensch, Luchterhand, Neuwied 1967.
Meadows, D.: Donella Meadows, E. Zahn und P. Milling. Die Grenzen des Wachstums. Bericht des Club of Rome zur Lage der Menschheit. Rowohlt, Hamburg 1973.
Meadows, D. L. u. a.: Wachstum bis zur Katastrophe? DTV, München 1976.
Medvedev, Z. A.: The rise and fall of T. D. Lysenko, Columbia University Press, New York 1969.
Mittelstaedt, P.: Die Sprache der Physik. Wissenschaftsverlag, Mannheim 1972.
Mohr, H.: Wissenschaft und menschliche Existenz. Rombach, Freiburg 1970.
Monod, J.: Zufall und Notwendigkeit. DTV München 1975.
Nordenskiöld, E.: Die Geschichte der Biologie. Fischer, Jena 1926.
Philosophisches Wörterbuch. Kröner, Stuttgart 1969.
Popper, K. R.: Objektive Erkenntnis. Hoffmann und Campe, Hamburg 1973.
Rensch, B.: Biophilosophie auf erkenntnistheoretischer Grundlage. Fischer, Stuttgart 1968.
Sachsse, H.: Naturerkenntnis und Wirklichkeit. Vieweg, Braunschweig 1967.
Schelling, F. W. J.: Schellings Werke, Bd. 1, Eckardt, Leipzig 1907.
Schrödinger, E.: Die Natur und die Griechen. Rowohlts Deutsche Enzyklopädie Bd. 28, Hamburg 1956.
Seiffert, H.: Einführung in die Wissenschaftstheorie. Beck, München 1974.
Ströker, E.: Einführung in die Wissenschaftstheorie. Nymphenburger, München 1973.
Taylor, G. R.: Die biologische Zeitbombe. Fischer, Frankfurt 1971.
Troll, W.: Urbild und Ursache in der Biologie. Sitzungsberichte der Heidelberger Akademie der Wissenschaften, Springer, Heidelberg 1948.
Wittgenstein, L.: Tractatus Logico-Philosophicus, Routledge & Kegan, London 1955.

Namenverzeichnis

Sachregister

Christoph Hubig
Wolfert v. Rahden
(Hrsg.)

Konsequenzen kritischer Wissenschaftstheorie

Oktav. VIII, 398 Seiten. 1978.
Kartoniert DM 34,–
ISBN 3 11 007079 0 de Gruyter Studienbuch
(Grundlagen der Kommunikation)

Darstellung der Kritik – Konzepte der wichtigsten wissenschaftstheoretischen Positionen und Schulen; Diskussion der Konsequenzen kritischer Wissenschaftstheorie aus soziologischer, forschungspolitischer, ökonomischer, bildungsökonomischer und hochschulpolitischer Sicht. Bibliographie.

Carl G. Hempel

Aspekte wissenschaftlicher Erklärung

Oktav. X, 240 Seiten. 1977.
Kartoniert DM 28,–
ISBN 3 11 004630 X de Gruyter Studienbuch
(Grundlagen der Kommunikation)

Dieser Band enthält das vom Autor ergänzte und überarbeitete Schlußkapitel seines Buches "Aspects of Scientific Explanation and other Essays in the Philosophy of Science".
Übersetzer: Wolfgang Lenzen

Aus dem Inhalt: Deduktiv-nomologische Erklärung – Statistische Erklärung – Das "covering-law" Modell – Pragmatische Aspekte der Erklärung – Modelle und Analogien – Genetische Erklärung – Dispositionelle Erklärung – Rationale Erklärung.

Preisänderungen vorbehalten

Wolfgang Laskowski
(Hrsg.)

Geisteswissenschaft und Naturwissenschaft

Ihre Bedeutung für den Menschen von heute
Unter Mitarbeit zahlreicher Fachgelehrter
Oktav. 193 Seiten. 1970. Kartoniert DM 18,–
ISBN 3 11 006336 0

Ist die besonders in Deutschland noch nicht überwundene Trennung in Geisteswissenschaft und Naturwissenschaft noch gerechtfertigt? Welcher objektive Zusammenhang zwischen beiden Wissenschaftsgruppen fordert gemeinsame Anstrengungen aller Beteiligten und ihre gegenseitige Ergänzung? Welche Ansprüche stellt und mit welchen Erwartungen denkt der heutige Mensch an die Wissenschaft insgesamt? Welche Ansprüche stellt umgekehrt die Wissenschaft an den heutigen Menschen und welche Bedeutung kommt diesen Ansprüchen für unsere gegenwärtige und zukünftige Kultur zu?

Mit diesen für die Entwicklung der Menschheit bedeutsamen Fragen befassen sich hier drei Geisteswissenschaftler und drei Naturwissenschaftler in folgenden Beiträgen:
Diethelm Michel, Orientierungsversuche der Menschen in frühgeschichtlicher Zeit – Johannes Flügge, Entstehung und Problematik des neuhumanistischen Bildungsideals – Walther Gerlach, Entstehung und Entwicklung der modernen Naturwissenschaften – Robert Jungk, Der Einbruch von Naturwissenschaft und Technik in unser heutiges Leben – Klaus Schaller, Das Menschenbild des Geisteswissenschaftlers – Wolfgang Laskowski, Das Menschenbild des Naturwissenschaftlers.

Preisänderung vorbehalten